오페라로 사치하라

오페라로 삶 사랑하라

베이스바리톤 신금호의 인문학 토크

서문

오페라극장에 간 샤넬

핸섬한 신사가 빨간 드레스의 아름다운 여인에게 호화로운 목걸이를 걸어 준다. 여인은 신사가 이끄는 대로 리무진과 전용기에 올라 어디론가 떠난다. 그들이 도착한 곳은 샌프란시스코의 오페라하우스. 생애 첫 오페라를 기다리며 한껏 들뜬 여인에게 남자는 말한다. "첫 번째 오페라는 늘 드라마틱하지. 처음이 싫으면, 언젠가 그 가치를 알 수 있을지는 모르지만, 영혼으로 느끼기는 힘들어." 이윽고 막이 오르고 아름다운 여인은 이내 오페라에 빠져든다. 줄리아 로버츠와 리처드 기어의 청춘을 볼 수 있는 영화 〈귀여운 여인〉의 한 장면이다. 십 분 가까이 할애된 오페라 에피소드는 무엇을 의미하는가? 남자 주인공의 재력을 과시하기 위해서? 잠시 잊었던 자신의 처지를 깨닫는 여주인공의 계기를 만들려고? 이도 저도 아니면 그저 감독이 가장 좋아하는 오페라를 영화 속에 넣고 싶었기 때문에?

사실상 많은 사람이 감독의 의도보다는 영화나 드라마 속 주인공의 패션, 집과 자동차, 근사한 여행지 같은 것에 더 관심을 가진다. 이는 실제 상품의 구매에까지 영향을 미쳐 '완판녀'와 같은 신조어를 탄생시키기도 했다. 프랑스 혁명과 자본주의의 발달로 귀족과 평민뿐 아니라 평민 가운데서도 빈부 격차가 커지기 시작하면서, 부르주아 세력이 경제적 부를 발판으로 권력의 중심으로 이동하기 시작했다. 이들의 경제력이 과시되는 수많은 럭셔리 아이템들이 세월이 흘러 명품이라는 품위까지 얻어 머나먼 대한민국의 진열대까지 영향력을 행사한 지 이미 오래다. 사람들이 명품을 갈망하는 것은 품위를 쉽게 얻을 수 있기 때문이다. 그렇다면 정신의 품위는? 그간 우리는 몸에 두르는 사치 말고 정신의 사치에 인색하지 않았는가.

그런데 전 세계적으로 사랑받는 럭셔리의 대명사 샤넬도 오페라와 발레를 사랑하여 극장을 자주 드나들었다. 또한, 음악회와 공연을 통해 만난 화가 피카소, 무용가 니진스키, 극작가 장 콕토 같은 훌륭한 예술가들과의 사교는 그녀의 작업에도 많은 영감을 주었다.

인류의 역사가 담긴 문화 콘텐츠, 오페라를 보는 것은 다양한 지식과 간접 경험을 가능케 하는 근사한 체험이다. 물론 간단하고 쉬운 상대는 아니다. 솔직히 말해 어렵다. 그 어려운 걸 어떻게든 쉽게 풀기 위해 열심히 앞만 보고 달려온 지 만 십 년이 되었다. 성악가로서 공연은 기본이고 다양한 오페라 연출과 강연을 통해 관객뿐 아니라 예술가들도 조금씩 변하는 모습을 보며 보람도 느꼈지만, 그래도 아직 갈 길이 멀고 할 일은 많다.

지난 십 년간 연주가로서 공연 제작자의 삶을 병행하며 기고했던 칼럼들 가운데 흥미로운 내용들을 모아 정리해 보았다. 오페라 공연은 성악가, 오케스트라, 합창단, 무용단, 무대 디자인 및 제작, 공연장 스텝 및 기획 스텝들까지 최소 백오십 명 안팎의 인력이 함께하는 무대 위의 기업이며, 세기의 명작부터 숨겨진 보석 같은 문학들이 음악을 만나 새로운 모습으로 다시 태어난 인류 최고의 엔터테인먼트다. 다소 어려울 수도 있는 오페라에 관해 초심자부터 애호가까지 두루 읽히길 바라는 마음으로 오페라의 내용부터 제작 뒷이야기, 오페라와 역사의 이벤트가 맞물리는 퍼즐 조각들을 나름 흥미롭게 맞춰 보았다.

실력과 열정만 믿고 맨발로 뛰던 젊은 성악가를 기특히 여겨 고비마다 도움 주셨던 모든 분들, 특히 2006년부터 십 년이 넘도록 꾸준히 지켜봐 주신 M컬쳐스(구 오페라M) 후원회원 여러분들과, 책이 탄생하기까지 고생하신 모든 분께 진심으로 감사의 마음을 전하고 싶다.

2016년 6월
신금호

차례

서문 - 오페라극장에 간 샤넬 5

영혼의 심폐소생술 15
아직도 우리 곁에 머물고 있는 오페라의 유령 19
비행기 티켓이 부담스럽다면 공연 티켓이라도 끊어 보자 24
세계를 '피사모'로 만든 진정한 돈의 힘 30
이노베이션과 융합의 메카 피렌체의 애플리케이션 '오페라' 36
암요 비너스, 암요 파야 40
심장약 만들다가 비아그라, 탈장 치료하려다가 카스트라토 45
유럽의 여인천하 50
전쟁의 폭풍 속에서도 살아남은 '베토벤 바이러스' 56
동백 아가씨는 이미자만 부른 게 아니다 60
반지의 제왕 골룸의 이중인격은 바그너의 그림자? 64
서울 한복판에 떨어진 바그너의 선물 68
괴테의 벼락 출세작, 자살의 추억 72
카를로비 바리 야반도주 사건 76
프라하에서 만난 역대급 콜라보 82

프로이트의 꿈, 그리스 신화를 품다　86

춤추고 노래하는 박쥐　90

부다페스트에 살았던 원조 아이돌　96

꽃보다 피터를 사랑한 차이콥스키　101

가을엔 편지를 쓰고, 겨울엔 〈라 보엠〉을 보라　105

푸치니의 세 가지 예물　111

오페라 속 카사노바의 꿈　116

피자의 고향 나폴리에서는 먹고 마시고 오페라를 보라　120

죽음으로도 해결되지 않는 호세의 분노 조절 장애　127

패전국 러시아의 '쇼 비즈니스 성공신화'　131

샤넬과 러시아 차도남　136

프랑스의 용감한 예술 유전자　140

007 제임스 본드의 조상　145

도민준이 만난 허준 그리고 셰익스피어　149

중국에 빼앗긴 오페라 속 한국　153

핵폭탄이 뒤흔든 나가사키에는 짬뽕 말고도 푸치니의 여인이 있다　157

필라델피아 나비효과　163

〈명량〉의 승리를 위한 오페라 〈이순신〉의 죽음　167

FBI와 중앙정보부에 끌려간 음악가들　171

오페라 속 알카에다　176

오페라하우스 암살 사건　180

세상을 흔드는 음악, 세상을 멈추는 음악　186

사라진 브레이브 하트의 꿈 192
'서머 타임'을 듣고 싶다면 흑인 성악가와 계약하라 199
빛나는 그랑 블루의 핏빛 복수 203
마마보이 벗어나기 209
갑과 을, 영원한 적과의 동침 213
'알파고'보다 못 먹어도 고 217

찾아보기 221

A man should hear a little music, read a little poetry, and see a fine picture every day of his life, in order that worldly cares may not obliterate the sense of the beautiful which God has implanted in the human soul.
—Goethe

사람이라면 일생 동안 매일 음악을 좀 듣고,
시도 좀 읽어야 하고, 명작 그림도 봐야 한다.
세상 걱정 근심이 신께서 인간의 영혼에 심은
미적 감각들을 모두 없애 버리기 전에….
―괴테

영화 〈샤넬과 스트라빈스키〉 한 장면.

영혼의 심폐소생술

삼십 년쯤 전의 일이다. 고교 진학 연합고사를 치르고 선생님들과 학생들 모두 딱히 할 일 없이 붕 뜬 기간이 있었다. 이 시기가 되면 학교에서는 평소 특강이나 보던 각 교실의 텔레비전으로 영화를 볼 수 있었는데, 그날은 〈로보캅〉이란 영화를 보게 되었다. 내 또래가 볼 수 있는 15세 이상 관람가 영화였음에도 사람이 총을 맞는 장면에서는 꽤 큰 충격을 받았었다. 몸을 뚫고 나가는 총탄에 고통스럽게 몸부림치다 쓰러지는 모습은 꿈에 나올 정도였다. 마치 범죄 현장을 직접 목격한 기분이랄까?
이렇게 긍정적이든 부정적이든 첫 번째 경험은 심장을 격하게 뛰게 하곤 한다. 첫사랑, 첫 키스처럼 말이다.
옛날 옛적 이탈리아 피렌체를 주름잡던 메디치 가문의 결혼식에서 음악가들과 시민들 모두에게 신선한 충격이었던 오페라가 탄생한 지 사백여 년이 흐른 지금, 우린 더 이상 오페라를 보아도 심장이 뛰질 않는다. 설렘의 부재는 오래된 음악을 다루는 클래식 음악가들에게는 숙명

과도 같다. 따라서 새롭지 않은 것들을 새롭게 느낄 수 있도록 하는 것이 음악가들의 의무이기도 할 것이다. 가치 있는 것을 후세에 전하는 일은 새로운 것을 창조하는 것만큼이나 중요하기 때문이다. 그러나 음악가도 인간이기 때문에 자신의 의무를 충실히 행하지 못하는 경우도 많다. 오히려 더 지루해 하고 매너리즘에 쉽게 빠질 수밖에 없는지도 모른다.

눈이 번쩍 뜨이고 심장이 고동치는 공연을 만나는 일은 정말 어깨가 들썩이도록 신나는 일이다. 내게도 그런 순간이 있었다. 나를 오늘날까지 오페라 콘텐츠에 매달리게 한 첫사랑 같았던 공연이다.

그것은 대형 오페라극장에서 만든 고급스러운 대형 공연이 아니라 영국 왕립음악원 오페라 전공 학생들의 그야말로 유랑극단 수준의 공연이었다. 하나의 완결된 오페라 공연도 아닌 여러 오페라 속 장면들을 보여 주는 식이었다. 공연은 〈사랑의 묘약〉(도니체티, 1832) 중 삼중창 연주로 시작되었다. 남녀 주인공이 말다툼을 하고 있고, 어디선가 갑자기 큰 소리를 외치며 들어오는 또 다른 남자. 서로 쫓고 쫓기기 시작한 두 남자는 삼중창이 끝날 때까지 한쪽은 긴 칼을 휘두르고 한쪽은 그 칼을 피하며 여주인공 주위를 쉬지 않고 빙글빙글 돌았다. 잘 모르는 이탈리아 말이었지만 그들의 연기와 표정만으로도 어떤 상황인지 충분히 이해할 수 있었다. 이윽고 그들이 뛰고 돌며 노래를 부르는 모습에 나도 모르게 엉덩이가 들썩들썩했다. 심장도 심하게 뛰기 시작했다. 평생 어느 오페라를 보면서도 느껴 보지 못했던 신드롬, 주체할 수 없는 전율 그 자체였다. 그 장면이 틀에 박히고 전형적인 오페라의 한 장면이었다면 그토록 심장이 뛰었을까? 그날 나는 오페라를 진심으로 사랑하게 되었다고 자신 있게 말할 수 있다. 같은 오페라인가 싶을 정도로 기발하고 창의적인 연기와 장면들은, 강산도 변한다는 십 년 이상의 공부 끝에 이미 식을 대로 식어 버린 열정을 타오르게 한, 지친 성악도의 심장을 다시 뛰게 한 심폐소생술이었다.

그 삼중창 이후 세월이 많이 흘렀다. 2012년 연출을 맡았던 오페라에서 누구나 다 아는 영화 캐릭터를 오페라 주인공 캐릭터와 합쳐 연출했다. 이 실험적 공연은 미국의 아카데미 시상식 장면으로 문을 열었다. 이어 오페라에 등장할 영화 캐릭터들이 소개되는 장면과 수상자 발표 장면이 편집된 오프닝 영상에 관객들은 조금 당황한 눈치였다. 그날 오페라 속으로 들어온 캐릭터들은 배트맨의 강적 조커, 만인의 연인 메릴린 먼로, 영원한 광대 찰리 채플린 등이었다. 당황한 것도 잠시, 이윽고 캐릭터 모습으로 분장한 성악가들이 노래를 시작하자 관객은 이야기 전개를 빠르게 이해하기 시작했다. 그 오페라가 바로 이탈리아 작곡가 레온카발로(1857-1919)의 처음이자 마지막 히트작인 〈팔리아치(Pagliacci)〉(1892)였다.

아내의 배신을 알고도 광대 분장으로 무대에 올라 웃겨야 하는 자신의 처지를 슬퍼하는 주인공 카니오(찰리 채플린 분장)가 부르는 '의상을 입어라(Vesti la giubba)'가 이 오페라의 하이라이트 아리아다. 아리아를 마친 카니오는 권총을 든 채 무대를 떠나고, 찰리 채플린의 명언 '인생은 멀리서 보면 희극이지만 가까이서 보면 비극이다.'라는 문장이 무대를 채웠다. 2막은 오페라 속 또 다른 무대에서 부인과 연기하던 카니

오가 배신감과 분노에 휩싸여 무대와 현실을 점점 착각하더니 결국 사람들 앞에서 아내(메릴린 먼로 분장)뿐 아니라 상대 남자까지 죽이는 끔찍한 결말로 막을 내린다. 나는 거기서 끝내지 않고 오페라 속 관객과 나머지 동료들에게까지 총을 난사한 후 마지막 남은 한 발로 자신의 목숨을 끊어 무대를 핏빛으로 물들이는 극단적인 결말을 연출했다. 지금까지 알았던 오페라 〈팔리아치〉와는 다른 무대를 만들고 싶었다.

총소리가 울려 퍼졌던 그 무대는 지금 없지만, 〈사랑의 묘약〉을 보았던 과거의 나처럼 피가 솟구치는 듯한 경험을 한 관객이 한 명이라도 있었다면, 찰리 채플린의 모습으로 부르는 처연한 아리아를 듣고 오페라의 매력에 빠진 관객이 한 명이라도 있었다면, 그것만으로도 아주 많이 행복할 것 같다. 그래서 공연을 앞둔 나는 늘 이렇게 묻는다. 지금 내 심장은 여전히 뜨겁게 뛰고 있는가?

아직도 우리 곁에 머물고 있는
오페라의 유령

오페라의 동생 격인 뮤지컬과, 한류라는 문화 상품이 된 케이팝 같은 콘텐츠들이 대중의 인기를 한 몸에 받고 있는 지금 이 시대에, 놀랍게도 오페라는 살아남아 소수 마니아들의 사랑을 받으며 질긴 생명력을 유지하고 있다. 베르디와 푸치니라는 거장들의 시대에 찬란한 전성기를 보낸 오페라가 영화의 등장으로 역사에서 사라질 것처럼 보였던 걸 생각하면 놀라운 일이다. 더 흥미로운 것은 오페라가 영화와 미디어 속으로 들어오기 시작했으며, 오페라의 가치를 이용하려는 시도들이 많아지고 있다는 점이다.

지금이야 텔레비전 없는 생활을 상상할 수 없지만, 우리가 텔레비전을 접하게 된 건 그리 오래전 일이 아니다. 1936년 영국 BBC가 세계 최초로 시험 방송을 시작한 이후 고작 팔십 년 정도가 지났지만 이미 3D, 스마트 TV, 울트라 HD 기술 등 다음은 무엇일까 상상하기 벅찰 정도로 빠른 속도의 기술혁신을 이루었다. 게다가 1948년경부터 텔레비전은 오페라의 자리를 빼앗은 영화 산업의 최대 적수로 부상하게 된다. 공연장, 영화관 등의 장소에 직접 가지 않아도 자신의 집 거실에서 무엇이든 볼 수 있다는 개념이 우리 생활에 많은 변화를 가져왔음은 분명하다. 그리고 바로 이 점이 텔레비전의 최대 장점이며 또한 단점이라는 사실을 제작자들은 깨닫기 시작했다. 텔레비전 콘텐츠는 점차 의미와 완성도보다 단순한 오락거리나 자극적인 내용으로 기울기 시작했고, 위기를 맞았던 영화는 작품성과 완성도에 집중하게 되어 오히려 제2의 전성기를 맞게 되었다.

텔레비전의 강점은 앞서 말한 바와 같이 한꺼번에 많은 사람에게 비교적 수월하게 메시지를 전할 수 있다는 것인데, 이는 광고라는 형식과 만나 영상 콘텐츠의 폭발적 발전을 이루게 된다. 이십 초 정도의 짧은 시간 안에 팔고자 하는 상품의 장점, 알리고자 하는 메시지, 각인시키길 원하는 이미지 등을 최대한 전하기 위해 인간의 심리를 연구하는 동시에 좀 더 세련되고 고급스럽게 보이게 하는 작업이 이루어졌다.

이런 광고 영상들에서 시각적 요소만큼 큰 비중을 차지하는 것이 바로 음악이다. 그리고 그 음악들 가운데 클래식 음악의 비중이 높다는 것은 눈여겨볼 만한 일이다. 광고는 결국 이익을 추구하는 것인데, 현대에 수익 창출과는 거리가 멀어 보이는 클래식 음악이 선호된다는 것이 아이러니하다. 그러나 이는 클래식이 사람의 감성을 자극하는 동시에 세련되고 고급스럽게 보이는 효과가 있었다는 반증이 아닐까?

예를 들자면, 단풍이 아름답게 물든 나무 밑에 늘씬한 자동차 한 대가 서 있다. 운전자는 절정의 단풍을 만끽하며 오디오의 볼륨을 높인다. 때맞춰 흘러나오는 음악은 헨델의 오페라 〈크세르크세스(Xerxes)〉 중 아리아 '사랑스러운 나무 그늘이여(Ombra mai fu)'. 아름다운 영상을 완성하는 것은 우아한 오페라 아리아인 것이다.

한편 흥미롭게도 클래식 음악의 고상함을 반전에 이용하는 경우도 있다. 오페라를 몰라도 누구나 한 번쯤 이름을 들어 보거나 노래하는 장면을 봤을 성악가 루치아노 파바로티가 연미복을 차려입고 신나는 아리아를 부른다. 가사도 단순해서 귀에 쏙쏙 들어온다. 반복되는 단어는 '피가로'. 그런데 자세히 보면 그는 파바로티가 아니다. 그는 닮은 꼴 연기자로 이내 책상에 앉아 컴퓨터를 두드리며 피가로를 노래한다. 그리고 친절한 자막이 뜨는데, 원곡의 '피가로(Figaro)'를 '피(fee)가 로(low)'로 바꾼 언어유희로 수수료가 낮은 증권사임을 재치 있게 어필하며 광고는 끝난다.

연주회를 가는 사람들이 귀해진 요즘, 음악가 입장에서는 광고를 통해서라도 클래식과 오페라 아리아를 듣게 되는 것이 얼마나 다행인지 모른다. 파바로티는 테너인데 광고 속 아리아는 바리톤의 아리아로 원래는 맞지 않는 설정이란 사실은 중요하지 않다. 언젠가 우연이라도 음악회에 갔을 때 "이거 어디서 들어본 멜로디 같은데……."라는 말로 클래식 음악을 좀 더 친근히 느낄 수 있다는 게 중요하다.

언젠가 연주회 리셉션이 끝나고 남아 있는 몇 병의 와인을 본 한 성악가가 "이렇게 좋은 와인을 어디서 샀느냐."라고 물어온 적이 있었다. 그저 마트에서 저렴한 가격에 선택한 와인이었는데 그렇게 좋은 것인가 싶어 설명을 들어보니 칠레를 대표하는 명품 와인이란다. '0'을 하나 덜 보고 기분 좋게 구입했던 그 와인의 이름은 '알마비바'였다. 이름이야

알마비바 와인. 현재 알마비바 와인 공식 웹사이트는 원작자 보마르셰의 초상화와 그의 자필, 그리고 오페라 〈피가로의 결혼〉 서곡이 방문자를 맞이하고 있다.

얼마든 같을 수 있겠지만, 이 와인의 이름은 분명히 〈피가로의 결혼〉(모차르트, 1786)에서 유래했다. 피가로의 아내가 될 수잔나를 노리는 호색한 알마비바 백작 말이다. 이름만 딴 것이 아니라 레이블의 로고 필체까지 연극의 원작자 보마르셰(1732-1799)의 자필을 그대로 사용하고 있다고 한다.

현재 알마비바 와인 공식 웹사이트는 원작자 보마르셰의 초상화와 그의 자필, 그리고 오페라 〈피가로의 결혼〉 서곡이 방문자를 맞이하고 있다. 알마비바라는 이름에 깃든 이백 년 이상의 시간은 와인의 품격을 높여 주고 있으며, 지구 반대편의 우리에게 시공을 초월한 문화유산이 부가가치를 극대화하는 비즈니스 모델을 제시하고 있다.

오페라는 사람들이 느끼는 심리적 거리보다 훨씬 가까이에 있다. 비록 과거의 영광은 영화와 뮤지컬이 이어받았지만, 박물관 유리 너머 갇혀 있을 것 같은 오페라는 다양한 모습으로 스스로를 바꾸며 아직도 우리 곁을 떠나지 않고 있다.

24 비행기 티켓이 부담스럽다면
공연 티켓이라도 끊어 보자

"세상에서 가장 매력적인 사람이 누군가?"라는 질문에 대한 답은 심플하면서도 의미심장하다. 바로 '처음 만난 사람'. 그렇다면 "두 번째로 매력적인 사람은?" 답은 '두 번 만난 사람'이다. 그만큼 사람들이 새롭고 신선한 것을 갈망한다는 것을 우회적으로 표현한 농담이 아닐까 싶다. 하지만 인간은 익숙하고 검증된 것을 추구하는 속성도 함께 가지고 있다. 한번 들은 유머나 설교를 계속 반복해서 듣는 사람은 없지만, 히트 가요나 유명한 오페라 아리아를 몇 번이고 계속 듣고 싶어 하는 것도 사람이다.

왜 그럴까? 무엇이든 완전히 이해하지 못하면 재미와 감동을 느낄 수 없다. 단번에 매력을 느끼고 웃음이 터지는 대상들은 빠르게 이해되거나 본능적으로 느낄 수 있는 것들이다. 하지만 노래와 음악은 끝까지 듣고 이해하려면 시간이 필요하다. 전체를 파악하기에 음악은 너무 빨리 사라져 버리기 때문이다. 그래서 이해가 될 때까지 계속해서 듣고 정보를 처리하고픈 욕구가 생기는 것이다.

이러한 욕구가 계속되어 지금 우리는 LP와 CD 그리고 현장을 그대로 재현했다는 울트라 HD, VR 같은 기술의 시대에 살게 되었다. 과연 인간이 만들어 낸 문명의 이기가 어디까지 만족을 줄 수 있을까? 기술의 발전 속도는 놀랍고 지금도 성능 뛰어난 기계들이 뭐든지 마치 눈앞에 있는 것처럼 보여 주고 들려준다. 그러나 분명한 것은 아무리 발전을 거듭한다 해도 현장을 함께하는 관객과 연주자, 배우의 소통과 교감을 완벽하게 똑같이 만들어 내지는 못한다는 점이다. 백 년쯤 지나면 가능할까? 아마도 그리 쉽게 이루어지진 않을 것이다.

공연의 묘미는 현장감을 위해 내 시간을 지불하는 데 있다. 온전히 할애한 시간은 눈코 뜰 새 없이 바쁜 지금을 살아가는 나, 일과 인간관계 속에 후순위로 밀려난 나를 치유한다. 좋아하는 배우가 보고 싶고, 시간을 잊게 하는 그 노래가 또 듣고 싶어서, 그리고 그 순간을 공유하는 누군가가 옆자리에 있어 더욱 좋아지는 기분을 느끼고 싶어 우리는 큰 맘 먹고 소파에서 일어나 공연장으로 간다.

한편 공연장은 그 자체로 영화의 소재가 되기도 한다. 라이브 공연의 매력을 잘 아는 영화감독들은 스크린 속에서 공연의 효과를 이용한다. 공연장은 영화 〈귀여운 여인〉의 한 장면처럼 오페라하우스의 발코니석에서 〈라 트라비아타〉를 보며 어색했던 두 사람이 서로를 알아가는 곳이며, 영화 〈문스트럭〉에서처럼 헤어진 연인이 〈라 보엠〉을 보며 화해하는 장소일 수도 있다. 감옥 속에서 갑자기 울려 퍼진 백작 부인과 수잔나의 '편지 이중창'은 공연 아닌 공연으로 짧은 순간 쇼생크의 모든 죄수에게 자유를 느끼게 해 주었고, 전설 속 '플라잉 더치맨' 유령선은 바그너의 오페라로부터 튀어나와 영화 〈캐리비안의 해적; 세상의 끝에서〉에 등장하기도 한다. 아예 클래식 음악을 주제로 한 영화에서는 공연을 준비하는 오케스트라의 튜닝부터 연주자들의 혼이 담긴 음악과 이를 통해 주인공들이 흘리는 감동의 눈물까지, 집착이라 느껴질 정도의 세밀한 연출을 보여 주기도 한다.

우리나라도 클래식 음악을 다룬 영화들을 조금씩 선보이고 있지만 아무래도 서양 문화에 뿌리를 둔 음악이다 보니 외국 영화가 더 많은 것이 사실이다. 영국 작가 E. M. 포스터의 소설을 영화화한 〈전망 좋은 방〉은 자유연애라는 개념이 금기시되던 시대에 자신이 진정 원하는 사랑을 고민하는 여성의 이야기를 다루고 있다. 그 무대가 되는 배경과 흐르는 음악은 피렌체를 배경으로 벌어지는 코믹한 유산 상속 소동, 푸치니(1858-1924)의 오페라 〈잔니 스키키〉(1918)에서 가져왔다.

영화는 〈잔니 스키키〉의 가장 유명한 아리아로 시작된다. 오페라는 몰라도 아리아는 누구나 알 만한 '오 사랑하는 나의 아버지(O mio babbino caro)'. 아름다운 선율에 취해 듣다가 가사 내용을 알게 되면 당황스러울지 모른다. 사랑하는 남자와 결혼을 못 할 바엔 강에 빠져 죽겠다고 응석 반 협박 반으로 아버지에게 애원하는 딸의 노래이기 때문이다. 결과적으로 딸의 뜻은 이루어진다. 영화를 본 후 아리아에 담긴 의미까지 찾아보면 콕 찍어 이 음악을 사용한 감독의 뜻을 알게 되어 색다른 재미를 덤으로 얻게 된다. 하지만 그런 지식 없이도 음악 자체가 영화를 더 아름답게 한다는 것을 쉽게 느낄 수 있다. 게다가 선남선녀의 사랑을 보여 주는 무대인 한 폭의 그림 같은 도시 피렌체는 또 어떤가.

2012년 여름, 나는 결국 피렌체행 비행기 티켓을 끊었다. 스크린 너머로 보던 극장에서 오페라도 감상하고 고대 그리스식 공연장에서 직접 노래도 불렀다. 라우레타 '오 사랑하는 나의 아버지'를 부른 주인공. 잔니 스키키의 딸가 몸을 던지겠다던 베키오 다리도 건넜고, 다리 아래로 흐르는 아르노 강을 바라보며 브루스 웨인 영화 〈배트맨〉의 주인공이 된 기분으로 커피도 마셨다. 물론 상대적으로 자유로운 직업을 얻은 덕에 누릴 수 있는 여유였다. 일인 다역을 아무렇지도 않게 소화해야 하는 현대인이 이탈리아에 있는 베키오 다리가 보고 싶다고 훌쩍 떠나는 일은 쉽지 않을 것이다. 그렇다면 작은 일탈을 시작하는 것으로 한 발 내디뎌 보는 건 어떨까? 제목만 들어 봤던 오페라를 실제로 보는 것은 어떨까? 그것도 힘들면 '오 사랑하는 나의 아버지'를 처음부터 끝까지 집중해서 들어 보는 것은? 하다못해 공연장 근처로 산책이라도 나가 보자. 공연을 기다리는 설렘 가득한 사람들의 얼굴을 보면 작은 용기가 생기지 않을까?

이탈리아 피렌체 베키오 다리 풍경. 일인 다역을 아무렇지도 않게 소화해야 하는 현대인이 이탈리아에 있는 베키오 다리가 보고 싶다고 훌쩍 떠나는 일은 쉽지 않을 것이다. 그렇다면 작은 일탈을 시작하는 것으로 한 발 내디뎌 보는 건 어떨까?

세계를 '피사모'로 만든 진정한 돈의 힘

어느 날 길을 건너는데 어디선가 고성과 욕설이 들렸다. 불쾌한 기분에 눈살을 찌푸리면서도 호기심을 이기지 못해 어느새 나도 모르게 구경꾼이 되었는데, 거침없이 내뱉는 욕은 남루해 보이는 남자가 상대도 없이 하는 혼잣말이었다. 게다가 내용은 더 기막혔다. "어떻게 달랑 천 원을 줄 수 있냐! 적어도 만 원은 줘야지!" 아름다운 한글로 만들어 낼 수 있는 욕이란 욕은 다 들은 것 같은 기분이었지만, 장황한 욕설의 결론은 돈 이야기였다. 그 노숙인은 천 원을 두고 간 행인을 저주하고 있었다. 어이없는 장면을 보고 있자니 길에서 백 원을 줍고 뛸 듯이 기뻐하던 어린 시절 기억이 떠올랐다. 그리고 행복의 기준은 어디까지인지 궁금해졌다. 과연 노숙인은 처음부터 만 원을 받았다면 행복했을까? 내일 똑같은 자리에서 천 원은커녕 백 원도 못 받는다면 지금의 천 원은 다시 행복으로 느껴질까? 완벽한 행복이란 게 존재할까?
현대 자본주의 사회에서 행복의 기준이 뭐냐고 물으면 정답인지 아닌지는 둘째 치고 '돈'을 빼놓고 이야기할 수는 없을 것이다. 조금 과장해서 인간의 역사가 돈을 좇는 역사라 해도 될 정도로 시대와 지역에 무관하게 사람들은 돈을 원했다. 편리하면 행복해지는 간단한 원리로 만들어진 돈은 결코 인간에게 행복을 순순히 허락하지 않았다. 그래서 여러 사회문제에 직면한 오늘날 사람들은 삶의 행복을 위해 '어떻게 버느냐' 만큼 '어떻게 쓰느냐'에도 주목하면서 나눔에 대한 개념도 생각하기 시작했다. 생의 마지막에 선 유명인들이 자신의 삶에서 후회하는 것 중 공통적인 세 가지는 바로 '정직하지 못했던 것', '가족과 시간을 충분히 못 보낸 것', 마지막으로 '나누지 못한 것'이라고 한다. 나눔과 기부는 더는 낯선 일이 아니며, 세계는 이제 현재의 나만을 위해서가 아닌 미래의 후손을 위한 투자에 나서기 시작했다. 그런데 지금으로부터 오륙백 년 이전에 이미 이러한 돈의 힘을 보여 준 사례가 있었다.

이탈리아 피렌체는 1982년 시 전체가 유네스코 문화유산으로 지정되어 보호받고 있으며, 2010년 미국의 경제잡지 《포브스(Forbes)》가 뽑은 '세계에서 가장 아름다운 도시'에 포함된 관광산업계의 작은 거인이다. 게다가 인구 삼십팔만 명의 이 작은 도시는 무려 르네상스의 본고장으로 여겨지고 있다. 이 모든 배경에는 피렌체 역사에 빠질 수 없는 한 가문이 존재하는데 그 이름도 유명한 '메디치(Medici)'가다.

메디치 가문은 14세기부터 17세기까지 피렌체에서 강력한 영향력을 행사한 가문으로, 도시국가 형태로 움직이던 그 시절엔 지역의 실제적인 왕가였다고 볼 수 있다. 메디치 가문의 은행은 한때 교황청의 돈거래를 전적으로 맡아 운용하기도 했고, 세 명의 교황(레오 10세, 클레멘스 7세, 레오 11세)을 배출했으며, 당시 유럽의 최대 강국이던 프랑스에서

조차 이 가문으로부터 두 명의 왕비를 맞이했으니 메디치 가문의 힘이 어느 정도였는지 쉽게 짐작할 수 있다.

당시 부를 축적하고 지역을 다스리던 가문들은 그들의 힘을 과시하기 위해 건축과 미술에 투자를 아끼지 않았다. 메디치 가문도 마찬가지였는데, 결정적인 차이가 있다면 그들은 진실로 예술과 문학을 사랑했다는 점이었다. 메디치 가문은 미켈란젤로의 최초 후원자였으며, 학자들이 플라톤의 저서를 번역하도록 적극적으로 지원했고, 피렌체 인근의 교회와 수도원 및 공공건물의 건축, 복원, 장식에 돈을 쏟아붓듯 했다.

달도 차면 기울듯이 가문의 마지막 이백 년은 쇠락의 길이었다. 그러나 메디치 가문의 마지막 역시 특별했으니, 후사가 없었던 마리아 메디치가 가문의 유산을 모두 피렌체 시에 기증했던 것이다. 무슨 일이 있어도 다른 곳에 팔지 않겠다는 조건을 달고. 메디치가는 피렌체를 넘어 예술을 사랑하는 세계 전체를 위해 지대한 공헌을 한 것이다. 유산은 이렇게 나눠야 하는 게 아닐까? 매년 피렌체를 찾는 이백만 명이 넘는 사람들이 나름 '피사모(피렌체를 사랑하는 모임)'가 되는 모습을 보고 있으면 한때의 부(富)를 길이 남는 인류의 유산으로 만든 진정한 돈의 힘을 느낄 수 있다.

푸치니의 오페라 중 피렌체가 배경인 〈잔니 스키키〉는 공교롭게도 유산 상속에 관한 한바탕 소동을 그린 희극이다. 대부호의 죽음 앞에 자기 몫을 챙기려 혈안이 된 친척들과 서로 사랑하는 젊은이 둘. 아버지 잔니 스키키는 번득이는 재치로 유산 대부분을 딸과 사위 즉 자신의 후손에게 몰아주도록 연극을 벌인다. 이 오페라는 이렇다 할 아리아 없이 진행되는 짧은 단막극인데 사위와 딸이 각자 중요한 아리아를 한 곡씩 부른다. 사위는 피렌체의 아름다움과 위대함을 노래하고, 딸은 목숨도 바칠 수 있는 사랑을 노래한다. 마치 피렌체를 사랑한 메디치가를 이야기하는 것처럼. 딱히 깊은 생각 없이 오페라 자체만 보아도 재미있지만, 피렌체의 역사와 메디치가를 생각하면 정말 기가 막힌 작품이 아닐 수 없다.

동네 미용실까지 들어온 명품 광고 잡지들은 하나같이 상류 사회는 이렇게 따라 하라고 광고한다. 그곳에는 최고의 메디치 가문이 쏟아부었던 예술에 대한 열정 같은 것은 쏙 빠져 있다. 돈은 많이 버는 것만큼 가치 있게 쓰는 것에 의미가 있다. 숨 가쁘게 바쁜 일상 가운데 아주 잠깐 시간이 흘러도 변하지 않는 가치에 대해 생각해 보는 것은 어떨까? 거기에 오페라 〈잔니 스키키〉가 흐른다면 금상첨화일 것이다.

이탈리아 피렌체 풍경. 인구 삼십팔만 명의 이 작은 도시는 무려 르네상스의 본고장으로 여겨지고 있다. 이 모든 배경에는 피렌체 역사에 빠질 수 없는 한 가문이 존재하는데 그 이름도 유명한 '메디치'가다.

이노베이션과 융합의 메카
피렌체의 애플리케이션 '오페라'

'혁신'과 '융합'이란 말을 빼면 대화에 참여하기 힘들어진 세상이다. 우연한 기회에 빅데이터 포럼에서 문화를 주제로 발표하게 되었는데, 그때 알게 된 이노베이션 분야 전문가에게 위의 두 가지 개념에 대해 질문을 했더니 "새로운 플랫폼을 디자인하는 것이다."라는 대답이 돌아왔다. 즉 '기존에 존재하는 것들을 연계해서 아직 존재하지 않는 것을 만드는 것'이란다. 이해가 될 듯 말 듯, 앞의 말은 알겠는데 뒷말은 좀 아리송하다. 아무튼, 뭐든 만들려면 머릿속 생각을 현실로 옮길 수 있는 기술이 뒷받침되어야 하는데, 지금 세상은 과연 불가능이 무엇일까 궁금해질 정도로 기술 발전의 속도가 놀라우니 오늘날은 첨단 기술이 혁신적 아이디어를 절실히 기다리고 있는 형국이라 말할 수 있겠다.
A사의 휴대폰을 예로 들어 보자. 그 안에 들어간 기술들은 이미 세상에 존재하는 것이지만 그것들을 심플한 디자인의 자그마한 기계 안에 모두 욱여넣을 수 있다는 생각은 개발 당시엔 공상과학소설에나 나올 만한 발상이었다. 하지만 스티브 잡스(1955-2011)는 생각의 플랫폼 아래

많은 수의 하드웨어를 마치 애플리케이션을 통한 소프트웨어처럼 합쳐냈다. "생각만 하지 말고 핑계만 대지 말고 한번 해 보자." 그것이 혁신의 시작이었던 것이다.

도박 같은 이런 일들을 하기 위해서는 세상을 보는 직관과 통찰이 남달라야 한다. 그리고 그런 직관력이 뛰어난 사람을 만들어 내는 것은 시대의 내공이 무르익어야 가능한 일이다. 이런 일이 가능하도록 돕는 조력자들이 많아야 한다는 것이다. 그런데 이러한 이노베이션은 지금 이 시대뿐 아니라 과거에도 존재했었다. 기술 분야의 예를 먼저 들었지만, 문화도 마찬가지인데, 14-16세기 전 유럽을 휩쓴 문화혁명 즉 르네상스 시대의 시작에 혁신과 융합을 이끈 메디치 가문이 있었다.

이탈리아 피렌체의 메디치 가문은 1397년부터 1743년까지 346년간 유럽 최고의 가문으로 이름을 날렸다. 메디치 가문의 후원을 받았던 학자와 예술가들의 면면을 조금만 살펴보더라도 바티칸의 '천지창조'를 그린 미켈란젤로(1475-1564), 지동설의 갈릴레오 갈릴레이(1564-1642), 《군주론》의 저자 마키아벨리(1469-1527), 아메리카 대륙 이름의 기원이 된 아메리고 베스푸치(1454-1512), 지구 종말의 예언으로 유명한 노스트라다무스(1503-1566) 등 이름만 들어도 알 만한 사람들이 수두룩하다. 메디치 가문은 당대의 많은 예술가와 과학자, 학자와 탐험가 등을 물심양면으로 지원하면서 당시 유럽 문화의 융성을 이끌게 되었다. 그리고 오페라의 시발점도 바로 이 가문의 역사 속에서 찾을 수 있다.

아무것도 없는 상태에서 하늘에서 뚝 떨어지듯 탄생하는 예술이 어딘가에 있을지 모르겠지만, 16세기 말의 오페라는 고대 그리스 연극을 모체로 여러 사람이 음악과 극을 융합하는 등의 시도를 통해 새롭게 거듭나고 있었다. 하지만 혁신적인 대형 작품은 좀처럼 탄생하지 못했는데, 워낙 규모가 크고 인적 물적 자원을 많이 투입해야 하는 장르의 특성상 흥행 실패에 따른 책임에 대한 부담감 때문이었다. 그러던 중 메디치 가문의 대담한 투자가 있었는데, 바로 가문의 결혼식이었다. 이 절호의 기회에 초기 오페라로 볼 수 있는 형태의 음악극이 결혼식 축하연으로 특별히 만들어졌다. 1600년, 피티궁에서 열린 마리아 메디치와 프랑스의 왕 앙리 4세의 결혼식에서 작곡가 야코포 페리(1561-1633)가 발표한 〈유리디체(Euridice)〉가 바로 그것인데, 이 작품은 그리스 비극에서 오페라로 방점이 옮겨진, 즉 최초의 오페라로 역사에 이름을 남기고 있다. 문헌상 기록으로 남아 있는 최초의 오페라는 야코포 페리의 〈다프네〉(1597)다. 그러나 악보가 유실되어 지금은 연주가 불가능하다. 〈유리디체〉는 연주가 가능한 최초의 오페라다. 결혼식에 초대된 사람 중에는 종교음악 작곡가 몬테베르디(1567-1643)도 있었는데, 그는 '오페라의 어머니'라 불릴 정도로 초기 오페라 역사의 중요한 작곡가다. 분명 그날의 공연은 훗날 오페라의 부흥기를 이끈 〈오르페오〉(1607), 〈율리시스의 귀환〉(1640), 〈포페아의 대관〉(1643)과 같은 작품을 만들도록 몬테베르디에게 자극과 용기를 주었을 것이다.

메디치 가문은 미술과 건축 그리고 문학과 과학 분야에 다양한 문화의 플랫폼을 만들어 갔다. 그리고 다양한 분야가 서로 교류하며 독창적인 아이디어 같은 새로운 시너지가 창출되었다. 서로 다른 이질적인 분야가 만나 창조적, 혁신적 아이디어를 창출하는 현상을 '메디치 효과'라 한다. 프란스 요한슨이 2004년에 발간한 그의 책에서 소개한 개념이다. 오페라는 이런 왕성한 문화 융성기에 야코포 페리라는 애플리케이션 프로그래머를 통해 장르의 물꼬를 터서, 페리를 뒤따른 카치니(1545경-1618), 몬테베르디 같은 히트 콘텐츠 생산자들이 당대의 기술을 흡수하며 점차 새로운 장을 열게 된 것이다. 그리고 그 흐름은 현대로 이어져 오페라뿐 아니라 오페라의 캐주얼 버전이라 할 수 있는 뮤지컬 같은 최신 업데이트 애플리케이션들이 400년이 지난 지금 우리 눈 앞에서 공연되고 있다.

우리나라도 많은 IT 전문가들과 문화 콘텐츠 종사자들이 머리를 맞대기 시작했고, 정부도 문화강대국을 향한 지원을 생각하기 시작했다. 400년 전 유럽을 '부활(르네상스)' 시킨 메디치의 역할을 지금 대한민국이 할 수 있기를 기대해 본다.

암요 비너스, 암요 파야

2015년, 뚱뚱한 여주인공이 유명 트레이너(사실은 갑부의 아들)를 만나 다이어트를 하다가 사랑에 빠진다는 내용의 드라마가 있었는데, 드라마 제목에 '비너스'라는 단어가 들어 있다. 비너스는 사실 서양 신화 속 여신이지만, 이름만 들어도 누구나 '아름다움'이 연상될 정도로 우리에게 친근한 이름이다. 어린 시절 지겹도록 들었던 수많은 광고음악 중에서도 '사랑의 비너스'라는 짧은 멜로디를 지금도 기억하는데, 고대 그리스 로마 여신을 처음 알게 된 경로치고는 참 소박하고 재미있다는 생각을 하곤 한다.

한편, 텔레비전 바깥의 비너스는 어떠한가? 미의 여신답게 비너스는 예술 작품의 단골 소재다. 피렌체의 우피치(Uffizi) 박물관에 전시된 르네상스의 명작 중에 보티첼리의 '비너스의 탄생'(1485)과 '봄'(1478)이 있는데, 언제나 다른 어떤 작품보다 관람객의 발길을 오래 붙잡는 인기 작품들이다. 두 작품 중 메디치 가문의 주문으로 탄생한 보티첼리 초기 대표작 '봄'은 그림 중앙에서 정면을 응시하는 비너스의 머리 위에 눈을 가린 채 활을 쏘는 아기 천사가 있는데, 그가 바로 비너스의 아들이자 사랑의 전령인 큐피드다. 큐피드가 쏜 화살에 맞는 자는 상대를 불문하고 반드시 사랑에 빠지게 되는데, 정작 그린 중요한 화살을 쏘는 큐피드의 눈은 가려져 있다. 사랑은 언제 어디서 나타날지 모른다는 의미란다.

남녀의 사랑 이야기를 싫어하는 사람이 있을까. 너무나 많은 사람이 관심 두는 소재이다 보니 흔한 사랑 이야기는 때로 세속적이고 저급하다고 취급받기도 하지만, 그리스 로마 신화야말로 신들의 사랑과 전쟁이라 할 수 있을 정도로 다양한 케이스의 연애 스토리에 심지어 불륜까지 담고 있다. 아름다운 여인들은 신이고 인간이고 간에 여러 남성의 사랑을 받고 심심치 않게 납치까지 당하곤 한다. 마음에 드는 여자를 대뜸 납치부터 하다니, 21세기 기준으로도 사회면을 장식할 만한 이야기들이 차고 넘친다. 신이든 괴물이든 잘생긴 남자든 추한 남자든, 모든 남자의 미인 쟁취 전쟁 역사책 같은 느낌이랄까.

오페라 역사가 시작되면서 초기에 주로 담았던 내용이 바로 그리스 신화였는데, 이후 바로크 시대에는 대본을 만들 때 신화에 나오는 인물의 성격을 조금씩 다르게 묘사하기 시작했다. 한 가지 예로 셰익스피어의 시를 대본 삼아 제작된 〈비너스와 아도니스〉는 1683년 영국의 찰스 2세를 위해 존 블로(1649-1708)가 작곡한 3막의 오페라다. 작곡가 존 블로는 원래의 스토리를 약간 변형해 아들 큐피드의 화살에 실수로 상처를 입게 된 비너스가 잘생기고 어린 아도니스와 사랑에 빠지게 되는 내용과 아도니스의 비극적 죽음을 그렸는데, 비너스가 아도니스를 사냥에

나가도록 등 떠미는 장면이 신화에서 조금 변형된 내용이다. 결국, 아도니스는 엄청나게 큰 멧돼지에게 상처를 입고 비너스에게 돌아와 그녀의 품에서 죽게 된다. 아도니스를 공격한 멧돼지는 비너스를 사랑하는 다른 신이 모습을 바꾼 것이었다. 이때부터 비너스의 이미지가 다중화되었으며, 1845년 드레스덴에서 올린 바그너의 오페라 〈탄호이저〉의 비너스는 심지어 남성을 유혹하는 타락의 이미지까지 표현하게 된다.

오페라 〈탄호이저〉는 바그너가 파리를 처음 방문했을 때 작가 루드비히 루카스(1796-1854)가 발표한 독일 음유시인의 전설에 대한 논문(1836)을 접하면서 영감을 얻어 이후 독일로 돌아오자마자 대본을 만들었고, 당시 프랑스의 황제 나폴레옹 3세의 전폭적 지원 아래 파리에서까지 무대에 올려졌다. 〈탄호이저〉의 배경은 13세기 중세 독일이며, 14세기에 한참 유행하던 음유시인들(지금으로 치면 인기 가수)의 사랑 이야기와 그리스 로마의 전설을 융합했다는 것만으로도 당시 바그너의 상상력과 창조력이 얼마나 대단했는지 짐작할 수 있다. 비록 오페라는 파리에서 폭삭 망했지만 말이다.

비너스와 아도니스의 이야기는 세월이 한참 더 흐른 뒤에 스트라빈스키의 영어 오페라 〈난봉꾼의 행각(The Rake's Progress)〉(1951, 베네치아 라 페니체 극장)의 마지막 장면에서 주인공 '톰 레이크웰'의 입을 통해 부활한다. 톰은 정신병원에서 자기 자신을 '아도니스'로 착각하고 '비너스'는 어디 있냐며 애타게 찾다가 죽어 간다. 이 작품에서 비너스는 구원의 상징으로 표현된다. 이렇듯 그림뿐 아니라 모든 예술 분야에서 비너스를 다루지 않은 장르가 없을 정도로 그녀는 시대를 초월해 사

산드로 보티첼리 작 '비너스의 탄생' 부분. 많은 여성이 미의 여신이 되기 위해 지금 이 순간도 동네 헬스클럽에서 열심히 피땀을 흘리고 있다. 그런데 피렌체의 우피치 박물관에 걸려 있는 비너스는 요즘 기준엔 비만 여성이다.

랑받는 존재다. 심지어 1990년대 라디오에서 시도 때도 없이 나오던, 그리고 뜻도 모르면서 "암요 비너스, 암요 파야(I'm your Venus. I'm your fire.)" 하며 따라 불렀던 팝송 제목도 비너스다.

많은 여성이 미의 여신이 되기 위해 지금 이 순간도 동네 헬스클럽에서 열심히 피땀을 흘리고 있다. 그런데 피렌체의 우피치 박물관에 걸려 있는 비너스는 요즘 기준엔 비만 여성이다. 당시엔 그런 여인들이 숭배의 대상이었다. 고상한 말로 미의 기준이 달랐던 것이다. 아름답고자 하는 욕망은 자연스러운 것이지만, 비너스의 푸근한 몸매 속에 숨겨진 또 다른 아름다움을 볼 수 있는 눈을 가진, 예술을 즐길 줄 아는 아름다운 사람이 되어 보는 것도 멋진 일이 아닐까?

심장약 만들다가 비아그라,
탈장 치료하려다가 카스트라토

1994년 음악 영화 한 편이 세간에 화제가 된 적이 있었다. 이탈리아의 제라르 코르비오 감독 연출의 영화 〈파리넬리〉가 그것인데, 흥미로운 것은 영화의 재미나 예술성으로 화제가 된 것이 아니라 주인공이 아주 특별한 직업을 가졌다는 점 때문이었다.

주인공 파리넬리는 여성 성악가의 음역을 노래하는 남성 성악가 '카스트라토'였고, 카스트라토가 되기 위해서 남성성을 제거해야만 했다. 목소리를 유지하기 위해 거세를 하는 카스트라토의 존재가 엄연히 역사에 사실로 기록되어 있다는 점은 대중의 호기심을 강하게 자극했다. 영화의 하이라이트는 단연 주인공 파리넬리가 무대 위에서 노래하는 장면들인데, 그중에서도 헨델의 오페라 〈리날도〉(1711)의 '울게 하소서(Lascia ch'io pianga)'라는 곡은 이십여 년이 흐른 지금도 잊히지 않는 강렬한 인상을 남겼다. 놀라운 기교와 카리스마로 관객을 제압하며 긴 호흡으로 영원히 이어질 듯 부르는 파리넬리의 노래에 여성들이 하나둘 기절하는 장면은 현대의 아이돌 콘서트에서나 볼 법한 장면이었다.

영화의 주인공 파리넬리(1705-1782)는 실존 인물로 카스트라토라는 이름으로 불렸던 거세 성악가 중 이름을 널리 떨쳤던 성악가다.

카스트라토는 언제부터 있었을까? 서기 400년 콘스탄티노플(이스탄불의 옛 이름)에서 여왕을 위한 합창단의 지휘자가 거세 테너였으며, 그가 자신과 같은 거세 성악가들을 자신의 합창단에 많이 두었다는 기록이 있다. 이후 1204년 네 번째 십자군 전쟁 전후로 그들의 존재가 사라졌다가 훗날 이탈리아에 다시 나타나기까지 대략 삼백 년 이상의 공백기가 있었다고 한다. 이후 16세기 중반부터 카스트라토의 활발한 활동 기록이 보이는데, 당시에는 매우 귀하고 모든 교회에서 고용하고 싶어 하는 '워너비 성악가' 일 순위였다고 한다.

교회에서 카스트라토를 고용하기 시작한 이유는 '교회에서 여자는 잠잠하라.'라는 고린도전서 14장 34절의 내용을 문자 그대로 이해함으로써 시작된 해프닝이었다. 당시 여성은 교회뿐 아니라 공공장소에서 노래 부르는 것이 금기시되었다. 그런 이유로 합창단 중 고음을 낼 수 있는 이들은 보이 소프라노와 가성을 쓰는 성인 남자들뿐이었는데, 문제는 이들 모두 변변치 못한 소리를 냈었다는 것이다. 그때 마침 거세된 남자들이 테너의 힘찬 고음과 메조소프라노의 음역을 동시에 소화할 수 있다는 사실이 발견됐다. 정확히 말하면 이들의 목소리에는 남성의 힘과 여성의 부드러움이 공존했다. 시간이 지나면서 17-18세기에 이르자 존재의 희소성에서 오는 가치와 오페라 무대에서 보여 주는 기량을 통해 카스트라토는 오늘날의 팝스타 인기에 뒤지지 않을 정도로 절정의 인기를 누렸다. 18세기 초중반 유럽 오페라 무대를 휩쓸었던 카스트라토들 가운데 군계일학이 바로 파리넬리였다. 당시 파리넬리의 인기는 헨델의 파산을 막아 줄 정도였다고 한다. 그러나 인위적으로 남성성을 제거한다는 잔혹성 때문에 1870년 공식적으로 거세가 불법이 되면서 카스트라토는 점차 사라지게 된다.

이쯤 되면 그들의 목소리가 정말 궁금하지 않은가? 인류 역사상 마지막 카스트라토이며 '바티칸의 천사'로 칭송받던 알렉산드로 모레스키(1858-1922)의 음반이 자료로 남아 있는데, 실망스러울 정도로 열악한 음질이긴 하지만 1902년과 1904년 바티칸에서의 녹음이 담겨 있다. 그를 만난 사람들의 증언과 모레스키의 사진을 보면 평범한 키에 크게 발달한 상체와 수염이 없는 동그란 얼굴, 그리고 말하는 목소리도 쇳소리가 나는 매우 강한 고음 테너의 소리 같았다고 한다. 그런데 당시 이탈리아에서는 거세 행위가 어린아이들이 자주 걸리던 탈장 치료를 위한 것이었다는 이야기가 있다. 이렇게 치료를 목적으로 십오 세 이전에 수술을 받은 아이들은 호르몬의 영향으로 관절 속 성장판이 닫히지 않아 팔다리가 보통 사람들보다 길었고 갈비뼈 역시 크게 자라서 매우 큰 폐로 보통 사람은 따라 하기 힘든 긴 호흡을 자랑했다고 한다.

베네치아에 살았던 카사노바가 쓴 자서전 중 카스트라토에 관한 언급을 보면, 이들의 인기가 올라가고 엄청난 부와 함께 선망의 직업이 되면서 1720년대부터 십여 년 사이 사천 명이 넘는 아이들이 가난에서 벗어나길 바라는 부모에 의해 거세당했다고 한다. 또한, 정보 부족으로 가끔 청소년기를 넘긴 아이들이 거세를 당하기도 했는데, 이미 변성기를 거친 목소리에 영향을 주진 못했다고 하니 참으로 안타까운 일이었

파리넬리의 실제 초상화(1750년경). 영화의 주인공 파리넬리는 실존 인물로 카스트라토라는 이름으로 불렸던 거세 성악가 중 이름을 널리 떨쳤던 성악가다.

다. 게다가 카스트라토가 되었다고 성공이 보장되는 것도 아니었다. 실제로 성공한 카스트라토의 수는 매우 적었다고 한다.

탈장 치료가 엉뚱하게 카스트라토를 낳았고, 주객이 전도되어 카스트라토가 되기 위해 탈장 치료를 한 것처럼, 전혀 다른 이야기지만 P사의 발기부전 치료제도 원래는 협심증 치료를 위해 개발한 약이었단다. 그런데 본래 목적의 효과는 미미했고 의외의 부작용이 나타나서 제약계의 신데렐라가 된 케이스다. 단순히 얘기하면 소가 뒷걸음치다 쥐 잡은 격이랄까. 파란 알약이 비록 협심증 환자에겐 도움을 주지 못했으나 전혀 다른 환자들의 희망이 되었듯이 카스트라토의 희생도 성악 발전에 기여한 바가 있음이 분명하다.

카스트라토 역은 헨델, 글루크, 모차르트, 로시니, 베르디, 구노, J. 슈트라우스 등의 오페라에서 지금도 만날 수 있으며, 현대의 공연에서는 음역이 낮은 여성 성악가나 카운터테너들이 그 역을 맡고 있다. '울게 하소서'를 들으면 그 아름다움에 누구나 마음의 평안을 찾을 수 있다. 한편으로 꿈을 접어야만 했던 대다수 카스트라토들의 희생에 씁쓸함이 느껴지긴 하지만 말이다.

유럽의 여인천하

영국 사람들은 프랑스를 미워하는 것 같지만 사실 정확히 말하면 좋은 땅을 독차지한 프랑스 사람들이 얄미운 것이다. 개와 고양이 같은 그들의 꼬인 역사 중에서도 18세기 바로크 시대 유럽의 패권을 둘러싼 이야기 속에 음악사와 맞물린 재미있는 일이 있었으니 살짝 살펴보자.

18세기 유럽은 프랑스의 부르봉 가문과 오스트리아의 합스부르크 가문이 양분하고 있었다. 당시 합스부르크 제국은 오스트리아와 독일 일부, 헝가리, 체코의 뵈멘 등을 폭넓게 차지한 유럽 명문가였는데, 그 중심에 '마리아 테레지아(1717-1780)' 여왕이 있었다. 후계자가 없던 카를 6세(1711-1740)는 당시 여자는 황제가 될 수 없다는 '살리카 법'을 무시하고 딸인 마리아에게 광활한 영토를 물려주려 했다. 그녀의 남편을 명목상 황제로 앉히고 실질 권력을 마리아 테레지아가 갖도록 한 것이다. 그러나 카를 6세의 죽음 이후 그 자리를 노리던 인접 국가의 친인척 귀족들은 마리아의 상속권을 인정하지 않았고, 결국 오스트리아 왕위계승전쟁(1740-1748)이 발발한다. 이 전쟁은 유럽과 마리아 테레지아 사이의 전쟁이었다고 볼 수 있다. 특히 프랑스는 뒤에서 그녀를 공격하는 데에 물심양면 지원을 아끼지 않았다. 그때 마리아 테레지아가 손잡은 나라가 당시 프랑스와 적대 관계에 있던 영국이었다. 영국의 조지 2세(1683-1760)는 프랑스가 잘되는 꼴은 볼 수가 없었기에 그녀를 도와 전쟁을 우세한 쪽으로 이끌었고, 결국 아헨조약(1748)으로 전쟁이 종료되고 마리아는 카를 6세로부터 받은 상속권을 다시 인정받게 된다. 말이 조약이지, 조지 2세와 마리아 테레지아의 완벽한 판정승이었다.

승리의 기분을 맘껏 누리고 싶었던 조지 2세는 자신이 부리던 궁정 음악가 헨델(1685-1759)에게 기념 음악을 작곡하라 명한다. 이 음악은 대중에게 공개된, 승리를 축하하는 야외 불꽃놀이 도중 연주되어야 했기 때문에 현악기가 없는 관악기와 타악기 구성의 당대 보기 드문 대규모 편성으로 작곡되었다. 이 곡이 바로 '수상음악'(1717)과 쌍벽을 이루는 헨델의 걸작 '왕궁의 불꽃놀이'(1749)다. 현재 전해지는 버전은 후에 헨델에 의해 현악기 파트가 추가된 좀 더 풍부한 색채의 곡이다. 조지 2세가 원하던 화려함과 위풍당당함만으론 헨델의 성에 차지 않았던 모양이다.

연주 당시, 대규모 불꽃놀이는 결국 목조건물 몇 채를 태우고 거대 기념 조각품마저 날려 버렸는데, 이에 화가 난 조각가가 군인의 칼을 빼 들고 난동을 피우다 유치장 신세를 진 일도 있었다고 한다. 하지만 만 이천여 명의 관객을 모았다는 기록을 보면 그 정도의 해프닝은 덮고 갈 정도의 성공적인 행사였던 것 같다.

한편, 이후 마리아 테레지아는 남편인 프란츠 1세가 과학과 문화 예술

연구에 몰두하는 동안 열여섯 명의 자녀를 키우면서도 정치를 아주 잘했다고 한다. 특히 프로이센에 빼앗긴 영토 탈환을 위해 과거의 적국 프랑스와 과감히 손을 잡고 프랑스 루이 15세의 여인 퐁파두르 부인과의 연대 러시아의 엘리자베타 여왕까지 끌어들여 강인한 유럽판 여인천하를 이루었다. 그리고 자식 중 열 명이 살아남아 평화로운 유럽을 위해 하나같이 적대국들로 시집 장가를 갔으며, 아들 중 제일 심성이 좋았던 아들 요제프 2세(1741-1790)가 그녀와 함께 합스부르크 제국을 다스려 나갔다.

요제프 2세는 어머니와 달리 사람의 지위를 따지지 않고 기술과 재주를 높이 평가하던 계몽사상에 심취한 황제였다. 영화 〈아마데우스〉(1984)를 보면 그가 천재 음악가 모차르트(1756-1791)를 궁정으로 초대하는 장면이 나온다. 요제프 2세는 소문으로만 듣던 천재를 만날 기쁨에 궁정 악장 살리에리로 하여금 환영의 의미로 작은 소품을 주문하여 모차르트가 입궁하는 동안 서툰 솜씨지만 본인이 직접 연주한다. 또 다른 장면에서는 오페라 〈피가로의 결혼〉의 작곡과 공연 준비 과정에서 이를 시기하고 방해하는 세력들을 제압하며 모차르트에게 힘을 실어 주는 모습을 보여 주기도 한다.

한편 모차르트는 요제프 2세의 어머니 그리고 누이동생과도 인연이 있는데, 어린 시절 마리아 테레지아의 초청으로 부다페스트를 방문한 적이 있었다. 아마 그때 요제프 2세와 모차르트는 만났을 것이다. 훗날 빈에서 두 사람의 인연이 다시 이어질 줄 그때는 몰랐겠지만, 어린 요제프의 눈에 어린 볼프강의 천재성은 뚜렷이 각인되지 않았을까? 어쩌면 그래서 두 사람의 인연이 이어졌을지도 모를 일이다. 첫 만남의 자리에는 후에 프랑스의 왕비가 될 막내 마리 앙투아네트(1755-1793)도 있었는데, 뛰다가 넘어진 어린 모차르트를 마리 앙투아네트가 일으켜 주었고 모차르트가 "너랑 결혼할래."라고 말했다는 일화도 전해진다. 만약 두 사람이 정말 서로 좋아했더라면 역사는 어떻게 바뀌었을까? 후대에도 이름이 오르내리는 쟁쟁한 사람들이 같은 시대에 만나고 헤어지고 또다시 만나는 걸 보면 신기한 느낌마저 든다.

모차르트의 걸작 오페라 〈피가로의 결혼〉(1786)이 프랑스의 극작가 보마르셰(1732-1799)의 동명 희곡을 바탕으로 만들어졌음은 잘 알려진 사실이다. 보마르셰의 희곡 〈피가로의 결혼〉은 왕족과 귀족들의 삶을 비꼬는 내용을 담고 있어서 강력한 공연 금지 조치를 받고 궁지에 몰렸는데, 그때 루이 16세에게 간곡한 부탁으로 공연 금지를 풀었던 사람 중 결정적인 역할을 했던 사람이 바로 왕비였던 마리 앙투아네트였다. 그리고 후에 그 연극을 오페라로 만든 이가 모차르트였으니 두 사람은 의도치 않은 환상의 복식조처럼 보인다. 하지만 프랑스 혁명(1789)의 최대 수혜자 나폴레옹이 보마르셰의 연극을 보고 "혁명은 〈피가로의 결혼〉에서 이미 시작됐다."라고 말했으니, 혁명의 결과 단두대의 이슬로 사라진 마리 앙투아네트는 자신에 의해 시작된 역사의 엄청난 나비효과에 의해 목숨마저 내놓아야 했던 것이다.

영화 〈마리 앙투아네트〉(2007) 한 장면. 보마르셰의 희곡 〈피가로의 결혼〉은 왕족과 귀족들의 삶을 비꼬는 내용을 담고 있어서 강력한 공연 금지 조치를 받고 궁지에 몰렸

는데, 그때 루이 16세에게 간곡한 부탁으로 공연 금지를 풀었던 사람 중 결정적인 역할을 했던 사람이 바로 왕비였던 마리 앙투아네트였다.

56 전쟁의 폭풍 속에서도 살아남은
'베토벤 바이러스'

프랑스 혁명의 절정에 서 있었던 인물 나폴레옹(1769-1821)은 1790년대 말 새로운 세상을 만들어 줄 인물로 추앙되었다. 이런 나폴레옹의 모습에 깊은 존경심을 갖게 된 독일의 작곡가 베토벤(1770-1827)은 자신의 세 번째 교향곡을 나폴레옹에게 헌정한다. 그러나 권력 앞에서 나폴레옹은 그가 몰락시킨 왕족과 다를 바 없었다. 나폴레옹은 곧 스스로를 황제로 선언하고, 오스트리아를 침공해 잘츠부르크를 함락했으며 빈까지 밀고 들어온 독재자가 되었다. 1804년 나폴레옹의 황제 즉위 소식을 들은 베토벤은 나폴레옹의 이름이 적힌 악보를 찢을 정도로 분노했다고 한다. 그리고 교향곡의 제목을 '영웅'(작품번호 55, 1804 초연)으로 바꿨다.

베토벤이 활동하던 시절, 음악가들의 생계는 귀족과 왕족이 쥐고 있었지만, 베토벤은 남들과 달리 상류층의 피고용인이 되길 거부하고 프리랜서 음악가로 살았다. 능력보다는 정치적 수단이 좋은 음악가들이 성공하는 시대에 두 가지 방면에 모두 능했다면 좋았겠지만, 외골수에 괴꽉하고 타협을 모르던 베토벤은 자신의 뜻을 굽힐 필요가 없는 자유를 택했다. 물론 지금과 달리 음악 관련 수요가 많은 서양음악의 중심지였던 빈에서 활동했기에 가능했을지도 모른다. 남들이 말하는 성공과는 멀어 보이지만 실력과 자존심만은 누구에게도 지지 않았던 베토벤. 사교적이지 못한 성품에 싸움도 마다치 않아 크고 작은 사건이 끊이지 않던 그였지만, '베토벤은 하느님이 이 땅에 보내준 선물'이라며 존경하고 아끼는 사람들도 있었다. 대중의 인기를 덧없는 것으로 애써 이야기하고 다녔지만, 때로는 대중의 환호에 우쭐해 하기도 했던 그를 소재로 한 〈불멸의 연인〉(1994), 〈에로이카〉(2003), 〈카핑 베토벤〉(2006) 등의 영화 속에서 베토벤의 이중적인 성격을 쉽게 발견할 수 있다.

한편 그의 음악과 연관해서 고전주의를 '비포(before) 베토벤', 낭만주의를 '애프터(after) 베토벤'이라 할 정도로 베토벤의 음악은 서양음악의 흐름을 바꾼 대단히 중요한 위치에 있다. 베토벤의 후배 작곡가이자 서로 다른 낭만주의를 추구했던 바그너(1813-1883)와 브람스(1833-1897). 두 작곡가 모두 스스로가 베토벤의 정신을 잇는 후계자라 생각했을 정도로 베토벤은 많은 후대 작곡자들에게 영감을 주는 정신적 지주였다.

베토벤은 평생 단 한 편의 오페라를 작곡했다. 〈피델리오〉(1805 초연, 1814 개정판 초연)라는 제목의 오페라다. 이 작품은 프랑스 혁명 시대의 역사적 배경을 스페인의 감옥으로 옮겨, 정치적 이유로 억울하게 갇힌 남편을 구출하는 남장 여인의 이야기를 통해 숭고한 사랑의 승리를 표현한 오페라다. 겨우 하나의 오페라만 남겼지만, 베토벤이 오페라에 관심이 없던 것은 아니었다. 다만 당시 유행하던 오페라의 소재들이 베토벤 기준에 너무 경박하고 저속했기 때문에 그가 추구하는 고결한 이상에 적합한 원작을 찾기가 매우 어려웠을 뿐이었다. 〈피델리오〉 대본의 원작 제목만 보아도 '부부애'라는 말이 들어간다. 오페라 〈피델리오〉의 원작 제목은 〈레오노레, 부부애의 승리(Leonore or The Triumph of Marital Love)〉(1789). 고지식한 베토벤에게 참 잘 어울리는 주제가 아닌가 싶다. 표면적으로 남녀 간의 숭고한 사랑을 이야기하고 있는 이 오페라에서 베토벤은 억압당한 자유를 위한 투쟁을 중요히 다룬다.

〈피델리오〉의 초연은 나폴레옹 전쟁 시기에 있었기 때문에, 당시 베토벤의 음악을 애호하던 빈의 귀족들은 대부분 전란을 피해 멀리 떠나 있었고 극장을 채운 것은 점령군인 프랑스 장교들이었다. 대다수 관객이 독일어를 이해하지 못한 데다 진지하고 무거운 음악과 내용 때문에 이 오페라는 좋은 평을 얻지 못했다. 설상가상으로 극장과의 불화로 조기 종연의 굴욕을 맛보았고 베토벤 역시 "이 작품은 저질 관객을 위해 작곡한 것이 아니다."라는 말을 남긴 채 극장 문을 박차고 나왔다고 한다. 베토벤의 불같은 성미를 보여 주는 또 다른 일화라 할 수 있다.

이렇게 역사 속으로 사라질 뻔했던 이 오페라는 다행히 후원자들의 간절한 설득을 통해 오늘날까지 전해지게 되었는데, 완성작이 나오기까지 십 년이란 긴 시간 동안 세 번의 개정 작업이 있었고, 서곡을 네 곡이나 썼다고 하니 어쩌면 〈피델리오〉는 역사에 남을 운명을 가지고 태어난 오페라일지도 모르겠다. 물론 개정 작업은 쉽지 않았다. 고집 센 베토벤이 음표 하나 고치는 것도 용납하지 않았기 때문이다. 그러나 시간이 흐르며 그는 자존심 때문에 듣지 않았던 여러 가지 충고를 받아들였고, 결국엔 완성된 작품에 환호하는 관객들을 보며 오히려 자존심을 회복할 수 있었다.

당시 베토벤은 많은 사람에게 사랑받는 음악가는 아니었으나 그에게는 음악에 대한 확고한 신념과 절대적 가치를 향한 타협 없는 노력이 있었다. 그리고 이러한 신념과 노력은 일생 동안 변치 않았다. 시공을 초월한 불후의 명곡 '합창' 교향곡은 베토벤이 평생 고집한 자신감과 숭고함에 대한 갈망이 이룬 열매다.

그가 살던 시대는 사회적으로나 정치적으로 매우 혼란스러운 시대였다. 자신의 나라 공주인 마리 앙투아네트가 프랑스 황제 루이 16세의 왕비가 되었고 얼마 지나지 않아 프랑스 혁명을 통해 단두대의 이슬로 사라졌다. 이로 인해 유럽 전체가 전쟁의 화염 속으로 빨려 들어갔지만, 이런 와중에도 이상과 철학을 포기하지 않고 생산된 베토벤의 작품들은 지금도 우리 곁에 머물게 되었고 좋든 싫든 시도 때도 없이 우리는 행복한 열병에 시달리게 되었다.

잘 알려져 있다시피 베토벤은 인생 중 삼십 년가량은 청력을 잃은 채 살았다. 그의 음악은 진지하고 복잡하며 때때로 어렵기도 하다. 그러나 거기엔 포기를 모르는 집요함과 희망이 있다. 승리의 기쁨은 그것을 얻기 위해 투쟁한 시간과 노력에 비례함을 베토벤의 음악은 말해 준다. 그러므로 포기하지 않는 끈기야말로 베토벤이 우리에게 남겨 준 진정한 '베토벤 바이러스'가 아닐까?

동백 아가씨는 이미자만 부른 게 아니다

오페라극장으로 향하는 많은 사람이 품격 있고 고상하며 세상과 동떨어진 아름다운 이야기를 기대할 것이다. 이는 클래식 서양음악의 이미지가 그대로 오페라에도 적용된 까닭이다. 그러나 고상한 이야기란 게 말이 좋지, 막이 올라가고 얼마 지나지 않아 공연 관람은 몰려오는 졸음과의 싸움이 되곤 한다. 일분일초를 쪼개 가며 바쁘게 움직이는 현대인들에게 늦은 저녁의 두 시간은 고문과 같을 것이다. 언어가 다르니 일단 무슨 이야기인지 눈치로 알아야 하는 데다가, 서양 사람들의 이야기라 21세기 대한민국 국민으로서 딱히 공감대를 찾기도 어려울 것이다. 공룡이 돌아다니던 시대의 이야기가 오히려 더 흥미롭지 않을까. 그래서 이런 생각을 하는 많은 분들에게 지금부터 고상함과 거리가 먼 오페라 이야기를 해 보겠다.

일단 우리나라에서 공연되는 오페라 중 대부분은 그렇게 고상한 이야기들이 절대 아니다. 현란한 이탈리아 말과 아름다운 음악 때문에 잘 연결되지 않겠지만, 막장 TV 드라마와 견주어도 절대 밀리지 않는 스토리들이다. 단지 오페라 공연이 고상해 보이는 이유는, 1948년 우리나라에 오페라가 처음 들어왔을 때 서양 성악가들의 연기를 고민 없이 그대로 모방하던 관습의 영향이 남아 있기 때문이다. 다행히 이런 현상은 현대의 젊은 연출가들에 의해 많이 시정되고 있다.

현대의 오페라는 전형적인 연기에 가려 있던 오페라의 재미를 다양한 방식으로 드러내고 있다. 다시 말해 내용만 좀 알고 보면 오페라는 꽤 재미있는 공연이라는 것이다. 그리고 기왕이면 큰 극장 맨 뒤에서 보는 것보다 앞쪽으로 좌석을 업그레이드하면 더 집중하기 쉬워질 것이다. 오페라 좀 봤다는 사람들이 볼 만한 작품은 〈라 트라비아타〉, 〈카르멘〉, 〈리골레토〉, 〈라 보엠〉 정도라고 말하는데, 사실 전 세계 공연 횟수 부동의 5위권 안에 이 오페라들의 이름이 걸려 있는 걸 보면 사람들이 보는 눈은 동서양이 비슷한 것 같다. 물론 우리나라와는 달리 유럽에서는 한 극장에 오페라단이 상주하는데 인기 작품만 주야장천 올릴 순 없으니 독립영화 같은 상대적 비인기 오페라도 의무적으로 올리고 있다. 하지만 거기서도 적당히 수입을 고려해서 적자가 심할 것 같으면 어김없이 〈라 트라비아타〉를 올린다.

말이 나온 김에 〈라 트라비아타〉(1848) 이야기를 해 보자. 여주인공은 지역에서 알아주는 절세미인이다. 평소 그녀에 대해 익히 알고 있던 남자 주인공은 지인을 통한 술자리에서 그녀를 만나 초면에 열렬히 사랑을 고백한다. 언제나 부유한 남성하고만 교제하던 여자 주인공 비올레타는 가진 것은 없지만 젊고 참신한 이 남자가 귀여워 그의 마음을 받아들인다. 그런데 사실 그녀 입장에서는 재미로 한번 만나 보자는 것이었는데 이게 웬일, 남자가 좋아져 버렸다. 사랑에 빠진 비올레타는 모든 것을 뒤로 한 채 둘만의 보금자리를 꾸미지만, 이 사실을 안 남자 주인공의 아버지가 아들을 데려가려 여자를 찾아온다. 비올레타가 일명 '남자를 돈으로 아는 여자'로 유명했기 때문이었다. 아버지 뜻대로 순순히 물러난 여자. 그런데 알고 보니 엎혀산 쪽은 자신의 아들이고 여자는 병으로 아프단다. 그녀가 아픈 건 누구의 탓도 아닌 인생을 함부로 낭비한 그녀 자신의 잘못인데, 오페라 마지막엔 다들 이 여인에게 용서를 빌고 결국 죽음을 맞이하는 그녀 앞에서 오열한다. 참 뻔하고 엉성하며 급하게 억지 화해로 끝이 나는데도 계속 보다 보면 비올레타가 죽는 마지막 순간 눈물이 난다. 경험상 눈물 흘린 사람은 나만이 아니었다. 곁에서 오페라를 함께 봤던 이들도 그랬고, 영화 〈귀여운 여인〉의 여주인공 비비안도 이 오페라의 마지막에 눈물을 흘린다. 백오십 년 전 작품이라고 믿기 힘들 정도로 현대인에게 익숙한 막장 요소들이 이어진다. 그런데 이 오페라 판 '사랑과 전쟁'인 〈라 트라비아타〉는 흥미롭게도 실화에 바탕을 두고 있다.

오페라 〈라 트라비아타〉의 원작 〈동백꽃 아가씨〉는 당대 사교계의 여왕 알퐁신 마리 뒤플레시(1824-1847)와 한때 그녀의 남자였던 소설가 알렉상드르 뒤마 피스(1824-1895)〈몬테크리스토 백작〉, 〈삼총사〉 등의 작품으로 유명한 소설가 알렉상드르 뒤마의 사생아 두 사람 사이의 실화를 바탕으로, 뒤마 피스 자신이 직접 쓴 자전적 소설이다. 마리 뒤플레시는 보잘것없는 농부의 딸로 태어나 어릴 적 집시에게 팔려 파리로 흘러들어 오게 됐는데, 빼어난 미모 덕에 돈 많은 프랑스 신사의 눈에 들어 어느새 사교계 화제의 인물이 된다. 그녀는 장미의 강한 향기를 싫어했고 향기가 없는 동백꽃을 좋아했기에, 그녀를 사모하는 많은 남성 팬들로부터 매일 파묻힐 정도의 동백꽃 선물 세례를 받았다고 한다.

〈라 트라비아타〉의 1막은 그들의 만남과 그녀의 모습을 정확하게 묘사하고 있다. '신경질적이고 병약하며 많은 남자와 관계를 맺고 일 년에 십만 프랑_{1844년 당시 일반 노동자들의 임금은 오 프랑 정도였다. 일만 프랑은 당시 이천 달러 이상의 가치에 큰 저택의 매매가 수준이었고, 십만 프랑은 한마디로 열 채의 저택을 구입할 수 있는 가치였다}을 써 버리는 여자라 돈 없는 젊은 남자들은 다 못 견디고 떠나 버린다.'는 세간의 평에도 뒤마 피스는 흔들리지 않았지만 결국 그들의 만남은 길지 못했다. 뒤마 피스와 헤어진 뒤로도 그녀는 호사스러운 씀씀이를 감당할 돈 많은 스폰서들과 어울렸고 방탕한 생활이 병을 악화시켜 그만 요절하게 된다. 그녀의 묘비는 유리 동백꽃 다발로 장식되었고, 프랑스의 사교계는 사흘 동안 그녀 이야기로 떠들썩했다고 한다._{매일 새로운 스캔들과 사건 사고가 빈번했던 프랑스 사교계에서 삼 일씩이나 이슈를 이어 간 이야기는 매우 드물었다고 한다.}

한국의 '동백 아가씨'는 가수 이미자의 대표곡이고, 동명의 영화로도 만들어졌다. 동백꽃은 또한 수많은 문학 작품에 영감을 주었다. 붉은 꽃잎이 주는 강렬함과, 한 잎 두 잎 시들어 떨어지지 않고 때가 되면 꽃송이가 통째로 툭 떨어지는 비장함이 동양에서나 서양에서나 예술의 좋은 모티브가 됐음이 분명하다. 아마 신파라는 꼬리표는 영원히 떼지 못하겠지만 이백 년의 시간을 사이에 둔 두 동백 아가씨_{〈라 트라비아타〉의 비올레타와 영화 〈동백 아가씨〉의 여주인공 섬 처녀}의 순정은 그래도 여전히 눈물겹다.

반지의 제왕 골룸의 이중인격은
바그너의 그림자?

판타지 소설의 고전으로 알려진, 영국 소설가 J. R. R. 톨킨(1892-1973)의 〈호빗〉(1937)과 〈반지의 제왕〉(1954-1955) 시리즈는 피터 잭슨 감독에 의해 영화로 제작되어 세계적으로 큰 흥행을 거두며 판타지 영화의 극한을 보여 주었다. 이 영화들은 모두 '절대반지'의 힘을 둘러싸고 벌어지는 전쟁을 묘사하고 있는데, 절대반지는 이름에 걸맞은 전능한 힘을 줄 수 있는 존재이나 그 힘이 너무나 압도적이어서 반지를 소유한 자가 오히려 반지의 지배를 받게 된다. 그런데도 반지를 얻어 세상을 지배하려는 자와 반지의 존재를 영원히 소멸시키려는 원정대의 대립이 신비롭고 웅장하게 그려진다.

이 판타지 소설은 제2차 세계대전 이후 〈나니아 연대기〉(1950-1956) 시리즈와 함께 영국의 수많은 어린이와 청소년의 상상력을 키워 주었다. 그 상상력이 얼마나 대단한지 영화가 소설을 따라가기 위해 기술 발전을 오십 년 가까이 기다려야 했을 정도다. 그런데 오페라에도 이와 매우 흡사한 작품이 있다. 제목도 유사한, 바그너(1813-1883)의 4부작 반지 시리즈 〈니벨룽의 반지〉 1부 〈라인의 황금〉, 2부 〈발퀴레〉, 3부 〈지크프리트〉, 4부 〈신들의 황혼〉가 그것이다.

이 작품은 요즘으로 치면 복잡한 장치를 갖춘 4D 전문 상영관과 같은, 바그너가 반지 시리즈를 위해 필요한 모든 특수효과와 무대장치를 직접 설계한 독일의 바이로이트 축제 극장에서 1876년 처음으로 전곡이 공연되었다. 작품에 맞는 공연장을 직접 만들다니 배보다 배꼽이 큰 게 아닌가 싶지만, 작곡에 기울인 완벽주의만큼 작품이 완벽하게 공연되는 데에 기울인 바그너의 열정 또한 남달랐다.

두 개의 반지 시리즈는 제목뿐만 아니라 내용 면에서도 유사한 점이 많다. 지크프리트의 명검 '노퉁' — 프로도를 지켜 주던 고대 요정의 검, 바그너의 거인 파프너 — 괴기한 모습으로 변해 버린 이중인격의 골룸, 방랑자의 모습으로 변장하고 인간 세상에 온 보탄 북구 유럽 신화에 등장하는 오딘과 동일 신, 바그너의 오페라에서는 신들의 대표이며 규율의 신, 한번 내뱉은 약속은 어떤 상황에도 꼭 지켜야 한다는 규율 때문에 신과 인간계를 구할 거라고 믿었던 자신의 아들 지그문트를 죽게 만든다 — 마법사 간달프, 바그너의 지하 세계 속 알베리히 — 반지의 제왕의 오크들, 태어난 곳으로 돌려보내야 세상에 평화가 오는 절대반지 그리고 반지의 힘을 견디는 용감한 지크프리트 — 순수한 호빗.

바그너의 작품은 피터 잭슨이 만든 영화보다도 긴 열여섯일곱 시간의 공연 시간을 자랑한다. 작곡 기간도 길었고 심오하며 복잡한 내용을 하루에 다 보는 것은 무리인지라 나흘에 걸쳐 공연되는데도 한 작품 당 평균 시간마저 네 시간을 넘긴다. 삼대에 걸친 이 장대한 스토리를 조금만 들어 보자.

세상의 시작 라인 강에는 세 명의 아름다운 처녀들이 헤엄치고 있다. 지하 세계의 알베리히는 그 아름다움에 빠져 그녀들을 원하지만, 그녀들은 이리저리 피하며 그를 약 올릴 뿐. 그러던 중 알베리히는 그녀들이 지키는 황금을 보게 된다. 황금으로부터 전능한 힘을 가진 반지를 만들 수 있다는 그녀들의 노래를 듣고 알베리히는 황금을 훔쳐 달아난다. 알베리히가 절대반지를 만들었다는 소문은 신들의 귀에까지 들어가게 되고, 신들의 우두머리 보탄이 반지를 빼앗는다. 신들의 성을 지어 준 대가의 약속으로 거인족에게 반지가 넘어가고 이를 받은 거인 형제 중 동생 파프너가 욕망에 눈이 멀어 형을 때려죽이고 반지의 주인이 된다. 파프너는 왜 형을 죽였는가? 알베리히가 보탄에게 반지를 빼앗길 때 저주를 걸었기 때문이었다. 반지를 소유한 자는 모두의 시기를 받을 것이고 반지의 노예가 되어 결국은 망할 것이라고. 저주로부터 신들의 세계를 구할 두려움을 모르는 인간을 선택하는 과정에서 보탄의 인간 자녀들이 등장하고 결국 보탄의 손자인 지크프리트가 반지를 쟁취하는 데 성공하지만, 지크프리트 역시 반지의 저주에서 벗어나지 못해 알베리히의 아들 하겐의 창에 그의 유일한 약점인 등을 찔려 죽고 만다. 신들의 성은 불타 버리고 반지는 보탄의 딸이며 아홉 여전사(발퀴레) 중 하나인 브륀힐데 아버지 보탄의 명령을 거부한 죄로 깊은 잠에 빠지는 형벌을 받았지만 지크프리트의 키스로 다시 깨어난 여인 에 의해 황금의 주인인 라인의 세 처녀에게로 다시 돌아간다.

이 시리즈는 바이로이트 축제 극장에서 공연되며 많은 창작자의 마음에 핵폭탄을 터트렸다. 마치 1600년, 피렌체의 메디치 가문 결혼식에서 오페라 〈유리디체〉를 보고 몬테베르디 같은 당대의 많은 작곡가가 앞다투어 작품을 발표하며 오페라 빅뱅이 시작된 것처럼, 근대 오페라는 바그너의 오페라에서 얻은 영감으로 시작되었다고 할 수 있을 정도로 당시 유럽의 많은 작곡가가 이 공연을 보러 독일 바이에른 주의 작은 마을 바이로이트로 모여들었다. 칠 년이라는 작곡 기간 동안 기존 오페라 장르를 종합하고 넘어선 바그너의 역작 〈니벨룽의 반지〉는 앞서 살펴본 바와 같이 톨킨 같은 후세의 작가들에게도 알게 모르게 영향을 주었을 것이다. 이렇게 매년 여름이면 세계의 이목이 집중되는 세계적 축제가 된 바이로이트 바그너 축제는 바그너의 추종자들을 비롯한 많은 사람의 '버킷 리스트'에 꾸준히 올라가고 있다.

황금은 예나 지금이나 사람들을 완전히 다른 모습으로 바꾸는 힘을 가지고 있다. 아니 어쩌면 황금은 우리가 이미 가지고 있던 숨겨진 추한 모습이 눈을 뜨도록 돕는 도구일 뿐일지도 모른다. 반지 시리즈 영화와 오페라를 볼 때마다 반지를 차지하기 위해 친구를 죽인 골룸의 모습이나, 형을 죽인 파프너의 모습이 우리와는 무관하다 단언하고 싶은데 유감스럽게도 현대를 살아가는 우리의 모습과 오버랩 되는 건 왜일까?

서울 한복판에 떨어진 바그너의 선물

영화 〈캐리비안의 해적; 세상의 끝에서〉(2007)를 보면 세상에서 가장 빠른 해적선 '블랙펄(Black Pearl)'과 유령선 '플라잉 더치맨(Flying Dutchman)'이 등장해 해상 전투를 벌이는 스펙터클한 장면이 나온다. 둘 중 실제 유럽에 전설처럼 전해 내려오는 '플라잉 더치맨'은 1641년 네덜란드 암스테르담을 출항해 인도로 향하다 남아프리카공화국 희망봉 근처에서 침몰한, 실존했던 배의 영어식 이름이다. 이 배의 선장 반 데르 데켄은 희망봉 부근에서 폭풍우를 만났지만, 고집스럽게 "악마의 힘을 빌려서라도 지구 끝까지 항해하리라!"라고 외치며 선원들의 반대를 뿌리치고 항해를 계속하려 했고, 배는 결국 폭풍우에 휘말려 가라앉았다.

그런데 그로부터 약 삼백 년 동안 부근 바다에서 이 배와 마주쳤다는 다른 선박들의 증언이 줄을 이었다. 여기서 나온 유령선에 관한 민간 전설이 독일 작가 하이네(1797-1856)에 의해 문학작품으로 태어났고, 곧바로 바그너의 오페라 〈방황하는 네덜란드인(Der fliegende Holländer)〉(1843)

으로 재탄생됐다.

이 오페라의 탄생 배경에는 작곡자의 끔찍한 항해 경험이 있었다. 1839년 당시 바그너는 라트비아(Latvia)의 리가(Riga)에서 지휘자로 승승장구하며 활동하고 있었는데, 경제관념이 없던 그는 오페라 〈리엔치(Rienzi)〉(1842)의 제작을 위해 엄청난 빚을 지고 말아 채권자들을 피해 야반도주해야 하는 신세가 되었다. 파리로 갈 결심을 한 바그너 부부는 빚쟁이들에게 여권도 빼앗긴 상태여서 밀항자 신분으로 엄청난 풍랑과 해풍을 거스르는 항해를 해야만 했다. 특히 바그너 부부가 배를 탄 날은 예정보다 보름이나 늦게 중간 지점인 런던에 도착했을 정도로 날씨가 유독 험했다고 한다.

그런데 사실 목적지 파리까지는 뱃길보다 한결 편한 마차를 이용할 수 있는 육로가 있었는데도 바그너 부부는 굳이 불편을 감수했다. 바로 바그너가 사랑하던 '로버'라는 견공 때문이었다. 개까지 타기엔 너무 좁은 마차였기에 어쩔 수 없이 로버는 마차를 뒤따라 뛰어갔는데, 쉽게 짐작할 수 있듯 곧 탈진하고 말았다. 무슨 일이 있어도 데려가기는 해야겠으니 궁여지책으로 선택한 방법이 위험천만하고 불편하기 짝이 없었던 배편이었다. 어쩌면 목숨을 잃었을 수도 있었던 이 위험한 항해의 경험은 파리의 궁핍한 생활 속에서 그의 초기 걸작 오페라로 탄생했으니, 바그너가 애견 로버를 조금만 덜 사랑했더라면 런던으로의 항해도 풍랑도 없었을 것이고 당연히 오페라의 탄생도 장담할 수 없었을 것이다.

풍랑을 겪기 전 바그너는 하이네의 원작을 알고 있었다. 하이네의 원작은 유령선의 전설을 풍자적으로 희화화했는데, 무시무시한 항해를 직접 경험한 바그너의 생각은 좀 달랐던 것 같다. 희망봉 바다에서 침몰한 유령선을 보았다는 수많은 목격담은 시간이 흘러 저주받은 유령선 이야기로 변해 갔다. 하이네의 원작은 '여인의 변치 않는 영원한 사랑만이 저주를 풀 수 있다.'고 말하면서, 한편으론 '그런 사랑은 존재하지 않기 때문에 저주인 것'이라고도 하는 등 냉소적인 내용을 담고 있다. 그러나 바그너의 오페라는 결말에 진정한 사랑이 저주를 푸는 모습을 그리고 있다. 직접 유령선의 선원이 될 뻔했던 경험을 겪었으니 냉소적일 수 없었을 것이 당연하다. 실제로 절친했던 피아니스트 리스트(1811-1886)에게 보낸 편지에서 바그너는 방황하는 네덜란드인이 바로 자기 자신이라고 말했다.

오늘날 '플라잉 더치맨'은 전설의 유령선일 뿐만 아니라 당대 최고 실력의 축구 선수에게 붙여지는 별명이다. 또한, 튤립과 오렌지색처럼 네덜란드의 상징으로도 알려져 있다. 하지만 사실 그 유래를 생각해 볼 때 어디에다 가져다 붙이기엔 좀 난감한 구석이 많은 이름이다. 그런데도 이렇게 네덜란드의 대표적 국가 브랜드로 자리 잡을 수 있었던 데에는 예술의 힘이 막강하게 작용했다고 봐야 할 것이다. 자국민이 아닌 독일 오페라 작곡가인 바그너에 의해 만들어진 유명세란 것이 좀 아이러니하지만 말이다.

개인적으로 독창회 마지막 프로그램에 십이 분이 넘는 네덜란드인의 아리아를 노래한 경험이 있다. 연습하고 준비하는 과정에서 과연 관객들이 참고 들어 줄 것인가 하는 우려가 없었다곤 말 못 하겠다. 그런데 정작 관객의 반응은 오히려 엄청나게 뜨거웠다. 안동 김씨와 풍양 조씨의 세력 다툼 끝에 겨우 재위한 헌종이 민생고에 시달리는 조선 땅을 힘겹게 다스리던 때, 지구 반대편에서 태어난 한 서양인의 음악 작품이 이백 년 가까운 시간을 뛰어넘어 서울 한복판에서 사람들의 마음을 움직이게 하다니. 이것은 정말 기적에 가까운 일이었다. 이 기적을 우리만 경험하는 건 안타까우니, 무대를 넘어 관객석까지 폭풍과 뱃멀미를 느끼게 한 바그너의 음악처럼 우리 대한민국에서도 이백 년 후 지구 반대편 유럽에서 울려 퍼질 감동적인 작품이 만들어지길. 그래서 이 기적 같은 경험을 그들도 느껴 보길 기대한다.

괴테의 벼락 출세작, 자살의 추억

동서고금을 막론하고 예술가들이 사랑만큼이나 집착했던 또 다른 주제가 바로 죽음이다. 물불 안 가리는 사랑의 종착지엔 죽음이 있고, 죽음으로 귀결되는 사랑의 비극적 아름다움은 늘 사람들을 매혹했다. 이러한 주제의 작품은 장르를 막론하고 그 수를 헤아릴 수 없이 많은데, 특히 극적 효과가 감동을 좌우하는 오페라 장르에서 많이 볼 수 있다.

맹목적인 사랑과 죽음 그리고 후회와 용서는 진부하지만 언제나 관객들의 사랑을 받아왔다. 베르디의 〈라 트라비아타〉(1848), 비제의 〈카르멘〉(1875), 푸치니의 〈마농 레스코〉(1893) 등이 그러한 작품에 속한다. 그리고 이러한 작품들이 있기 백 년쯤 전에 주인공의 죽음이 사회적으로 엄청난 파장을 몰고 왔던 소설이 있었는데, 독일의 대문호 요한 볼프강 폰 괴테(1749-1832)가 스물다섯 나이로 발표한 소설 〈젊은 베르테르의 슬픔〉(1774)이 그것이다.

청년 괴테는 감수성이 풍부했고 자주 사랑에 빠졌다. 젊은이가 사랑에 빠지는 일은 자연스러운 일이지만, 괴테의 경우는 상대가 유부녀여도 심지어 친구의 아내여도 개의치 않았다. 유유상종이라고 괴테의 친구 중 한 명은 유부녀와의 관계가 좌절되어 권총 자살까지 했다. 친구의 아내였던 샤로테 부프와의 관계 그리고 자신과 비슷한 경험을 한 또 다른 친구의 자살 사건을 소설로 승화시킨 작품이 바로 〈젊은 베르테르의 슬픔〉이다.

이 소설은 젊은 세대에게 큰 공감을 얻으며 엄청난 베스트셀러가 되었고, 괴테 역시 삽시간에 유명 인사가 되었다. 소설 속에서 베르테르가 즐겨 입던 노란 조끼와 푸른색 연미복이 선풍적 인기를 끌었고, 심지어 베르테르를 모방하는 자살이 줄을 이었다고 한다. _{유명인이나 자신이 모델로 삼고 있던 사람 등의 자살 이후, 그 사람과 자신을 동일시한 사람들이 따라서 자살을 시도하는 현상을 '베르테르 효과라 하며 이 소설에서 유래했다.} 이런 모방 자살의 현상에 대해 작가 프리드리히 니콜라이가 〈젊은 베르테르의 기쁨〉(1775)이라는 풍자소설을 썼을 정도로 자살 문제는 당시 전 유럽 지역의 사회적 이슈였다.

이러한 화제 속에 〈젊은 베르테르의 슬픔〉은 괴테가 의도한 것은 아닌 듯하지만, 당시 프랑스 혁명의 원천이 된 계몽주의 사상에 대한 일종의 거부반응으로 일어난 낭만주의 질풍노도 문학_{봉건적으로 폐쇄된 당시의 독일 사회를 지배하던 프랑스 궁정 문화와 합리 정신에 항의하고, 감정과 상상력 그리고 개성의 해방을 추구했다. 질풍노도를 대표하는 작품으로는 헤르더의 평론 〈셰익스피어〉(1773), 괴테의 소설 〈젊은 베르테르의 슬픔〉, 렌츠의 희곡 〈가정교사〉(1774), 실러의 희곡 〈군도〉(1781) 등이 있다}의 선봉장이 된다.

소설 〈젊은 베르테르의 슬픔〉은 당대 젊은이들의 열광에 걸맞게 지금까지도 다양한 모습으로 변주되어 폭넓게 사랑받고 있다. 연극, 영화, 뮤지컬, 오페라는 물론이고 베르테르 캐릭터를 이용한 다른 스토리의 창작물도 무궁무진하다. 작가 메리 셸리(1797-1851)의 〈프랑켄슈타인〉(1818)에서 사랑하는 사람에게 거절당하는 주인공으로 등장했고, 〈베르테르〉라는 제목으로 프랑스 작곡가 마스네가 오페라로 만들어 1893년 파리에서 공연했으며, 뮤지컬 작품으로도 새롭게 태어나 자주 공연되고 있다.

그런데 베르테르의 어떤 점에 젊은이들이 열광했던 것일까? 베르테르의 사랑을 가로막는 장애는 오직 그가 샤로테를 그녀의 정혼자보다 늦게 만났다는 사실 하나뿐이다. 똑같은 사랑이 주변 환경에 따라 축복받기도 비난받기도 한다. 이해가 되지 않는다. 억울하다. 그렇다면 어떻게 할 것인가. 가슴은 아프지만, 사랑을 포기하든가 남편의 눈을 피해 밀회를 이어 가는 방법 중 하나를 택하기 마련이다. 그러나 베르테르는 자신과 바깥세상, 이상과 현실을 어디서 어떻게 타협해야 하는지 몰랐고 왜 타협해야 하는지 받아들일 수 없어서 죽음을 택했다. 소설 속 베르테르는 사랑뿐 아니라 공직 사회 속 인간관계로도 고통받았다. 이쯤 되면 그저 유부녀를 사랑한 어리석은 남자라고 매도할 수만은 없지 않은가.

인간은 사회적 동물이고 여럿이 함께 살아가기 위해서 타협은 꼭 필요한 덕목이다. 현명한 판단으로 양쪽 모두를 만족시키는 적절한 타협만 있다면야 더없이 좋겠지만, 어디 세상이 그런가. 우리는 모두 매일 억울하고 분통 터지지만 양보하고 물러나면서 살아간다. 착하게 살면 복 받는다는 심정으로 꾹 참고 살다가, 어느 날 갑자기 쌓였던 불만이 엉뚱한 곳으로 터져 나오기도 한다. 분노 조절 장애 환자처럼 말이다. 그러니 터지기 전에 보살펴야 한다.

예술은 나도 모르는 내 안에 숨겨진 방치된 자아를 깨우기도 한다. 그렇게 나 자신과의 화해를 주선하는 것이다. 그것은 생각지 못한 새로운 길을 제시해 주는 것일 수도 있고, 차마 내가 하지 못한 일을 과감히 저질러 대리 만족을 주는 것일 수도 있다. 전자든 후자든 우리는 손해 볼 일이 없으니 베르테르의 이야기를 책으로 영상으로 음악으로 접해 보자. 딱히 불만 없는 인생이라도 누구한테 말할 거리라도 생길 것이다.

카를로비 바리 야반도주 사건

남산을 드라이브하다 보면 '괴테 인스티튜트'라는 이름의 독일문화원을 볼 수 있다. 자국의 공인된 문화원 명칭에 사람의 이름을 붙이다니 얼마나 대단한 위인으로 여기기에 그럴까 항상 궁금했었다. 실존 인물을 기리는 의미로 거리나 광장 또는 공원에 이름을 붙이는 경우는 종종 봤지만, 대외적으로 나라를 대표하는 곳에 한 개인의 이름을 쓴다는 것이 생소하고 신기했다. 그러니 이제부터 괴테라는 사람을 좀 알아보자. 요한 볼프강 폰 괴테는 1749년 독일의 프랑크푸르트에서 태어났다. 법률가 아버지와 시장의 딸이었던 어머니 아래에서 부족함 없이 자랐던 그의 삶은 어찌 보면 평범하고 심심해 보인다. 감동도 그다지 재미도 그저 그런, 평점으로 따지면 별 두 개 반짜리 미개봉 영화 같은 느낌이랄까. 청년 괴테는 아버지의 뜻대로 착실히 법을 공부해서 변호사 개업까지 한다. 그리고 이듬해 사랑의 아픔을 겪고 그 경험을 바탕으로 소설을 한 편 발표하는데, 이 소설을 기점으로 괴테의 인생이 방향을 틀기 시작한다. 소설이 어마어마한 인기를 누리는 바람에 본격적으로 작가로서 경력을 쌓기 시작했으며, 심지어 정치에도 입문하게 된 것이다. 또한 유럽 전역에 소설 속 주인공의 옷차림을 유행시켰으며 주인공을 따라 자살하는 현상까지 생겼다. 이 엄청난 후폭풍의 주인공이 바로 소설 〈젊은 베르테르의 슬픔〉이다.

〈젊은 베르테르의 슬픔〉은 질풍노도 문학의 대표작이 될 정도로 격정적이었지만, 괴테 자신은 다시 무난하고 평탄하게 훌륭한 작가, 좋은 정치가로서 경력을 쌓아 갔다. 그러던 1786년의 어느 날, 그의 나이 서른일곱에 갑자기 모든 걸 뒤로하고 이탈리아로 훌쩍 떠나 버린다. 또 한번 그의 인생이 크게 방향을 튼 것이다. 이 사건은 일이 정말 많아서 야근을 반복하다 "더 이상 이렇게는 못 살겠다!" 하고 야반도주한 것이 아니었다. 그 출발 장소는 체코의 아름다운 온천 '카를로비 바리(칼스바트)' 카를로비 바리(Karlovy vary)는 1370년 신성 로마 제국의 황제 카를 4세가 세운 온천 도시로서 삼백 년 동안 유럽 전역의 방문객들을 끌어모았는데, 그중에는 괴테, 베토벤, 카를 마르크스, 차르 표트르 대제, 비스마르크, 쇼팽 같은 유명인들이 많았다였고 게다가 친구의 생일파티 중이었다. 평소 모든 걸 수첩에 적고 계획하는 괴테의 꼼꼼한 성격에 비춰 볼 때, 이 상황은 매우 희한한 일이었다. 대체 그에게 무슨 일이 있었을까? 승승장구 탄탄대로를 걷던 괴테가 왜 갑자기 샛길로 들어섰을까? 책임과 의무 속에 뒷전으로 밀린 자신을 찾고 싶다는 요즘 말하는 '힐링'이 필요했던 것은 아닐까?

즉흥적으로 시작된 그 여행은 시간을 정해 놓고 간 것이 아니었다. 마음이 독일로 돌아가라고 하기 전까지 계속되어야만 했던, 어쩌면 편도 여행이 될 수도 있었던 여행이었다. 다행히 그곳에서 괴테는 자신을 다시 찾았고, 이십 개월 동안 베네치아부터 시칠리아까지, 이탈리아의 끝에서 끝까지 다 가 본 후 다시 고향으로 돌아왔다.

이탈리아 여행을 마치고 돌아온 괴테는 독일의 대표적 지성이 되었다. 〈이탈리아 기행〉(1829)과 〈빌헬름 마이스터의 편력시대〉(1829)를 비롯해, 특히 오랜 세월에 걸쳐 〈파우스트〉(1831)라는 엄청난 이야기를 완성했다. 그 밖에 괴테의 작품들은 연극으로 각색되는 것은 물론 슈베르트, 슈만, 브람스, 후고 볼프, 구노 등 수많은 작곡가에 의해 오페라, 가곡, 심포니 등의 모습으로 끊임없이 무대에 올라갔고, 현대까지도 그 작품들의 가치는 변함없이 높게 평가되고 있다.

1940년에 발표된 월트 디즈니의 실험작 〈판타지아〉는 괴테의 서사시 〈마법사의 제자〉(1797)를 바탕으로, 작곡가 폴 뒤카(1865-1935)가 지은 교향시로부터 출발한 작품이다. 괴테가 만든 스토리에 폴 뒤카의 음악이 준비되어 있으니, 디즈니는 그 위에 그들의 장기인 환상적인 애니메이션을 채워 넣기만 하면 되었다. 물론 아무리 장기라 해도 제작에 투입된 스태프 인원만 천여 명이었고, 밑그림은 백만 장 이상 그려졌으며, 사만 달러를 들인 음향 시스템으로 두 달 이상 라이브 연주를 녹음했다고 한다. 총 제작비가 삼백만 달러였다고 하니, 인간의 머리로 창조된 시와 음악을 현실 세계로 끌어내는 작업이 얼마나 만만치 않은 일이었는지 조금이나마 짐작할 수 있다.

지친 몸만큼 지친 정신을 충전하는 시간이 매우 소중한 시대가 되었다. 백 년도 안 되는 비자를 가지고 지구에 온 우리는 어느 노랫말처럼 나그네와 같은 존재인데, 우린 계속 더 많이 소유하고 잃지 않으려고 하면서 스스로를 고행길로 이끄는 것은 아닌가 하는 생각이 든다. 나의 미래에 괴테처럼 성공할 수 있다는 확실한 보장이 있다면 모를까, 과연 모든 걸 두고 훌쩍 떠날 수 있을까? 언제든 떠날 수 있다고 생각하는 사람은 많다. 하지만 한 치 앞도 모르는데, 가진 것도 많은데, 그렇게 쉽게 안전한 현실을 버리고 정말 떠날 수 있는 슈퍼맨은 많지 않다. 이탈리아에서 보낸 이십 개월은 괴테가 이후 나아갈 길을 분명히 해 주었다. 때로는 멀리 떨어져 전체를 봐야 길이 보일 때도 있는 법이다.

"처음으로 세상에 나가는 인간이 자기 자신을 굉장한 존재로 생각하고, 많은 재능을 습득하려고 하며, 무엇이든지 다 가능한 것으로 만들려고 애쓰는 것은 좋은 일이지요. 그러나 그의 형성이 어느 정도의 수준에 이르게 되면, 보다 큰 집단에 들어가 자기 자신을 잃어버리는 것을 배우고, 다른 사람들을 위해 사는 것을 익히며, 의무에 따라 활동하는 가운데에서 자기 자신을 망각할 줄 아는 것이 유리합니다. 그때야 비로소 그는 자신을 알게 되지요."
—괴테 〈빌헬름 마이스터의 수업시대〉 중에서

카를로비 바리는 1370년 신성 로마 제국의 황제 카를 4세가 세운 온천 도시로서 삼백 년 동안 유럽 전역의 방문객들을 끌어모았는데, 그중에는 괴테, 베토벤, 카를 마르크스, 차르 표트르 대제, 비스마르크, 쇼팽 같은 유명인들이 많았다.

프라하에서 만난 역대급 콜라보

체코의 수도 프라하는 우리에게 큰 인기를 얻었던 드라마 속 배경 도시로 유명하다. 프라하 성에서 내려다보이는 아기자기한 붉은 지붕의 집들, 환상적인 시내의 건물들과 그림 같은 블타바 강의 다리들은 마치 아름다운 동화 속 한 장면으로 들어와 있는 듯한 착각을 불러일으킨다. 그저 가만히 바라보고 있는 것만으로 행복을 느끼게 하는 이 매력적인 도시에도 언제나 좋은 일만 있었던 것은 아니니, 대표적으로 '프라하의 봄' 사건을 들 수 있다.

1968년 4월, 개혁파들이 집권 세력 스탈린주의자들을 몰아내고 민주와 자유를 동반한 사회주의를 제창하자, 같은 해 8월 무렵 이십만 명의 소비에트연방 군대가 수도 프라하를 점령하고 모든 개혁적인 정치적 시도를 원상태로 되돌려 버린 사건이다. 군대에 대항하여 프라하의 시민들은 비폭력으로 저항했으나 많은 시민이 총과 칼 앞에서 목숨을 잃은 비극적이면서 역사적인 사건이었다.

그런데 '프라하의 봄'이라는 타이틀은 이 사건이 일어나기 이전, 그러니까 제2차 세계대전이 끝난 1946년부터 개최되고 있던 페스티벌의 이름이었다. 프라하의 봄 국제음악축제는 세계적인 교향악단, 실내악단 등이 매년 5월 12일부터 6월 초까지 프라하 시 전역에서 다양한 공연을 펼치는, 체코에서 가장 규모가 크고 중요한 문화 행사다. 5월 12일은 프라하의 국민 작곡가 스메타나(1824-1884)의 기일이며, 축제의 시작은 늘 스메타나의 '나의 조국' _{1872년에서 1879년 사이에 작곡된 여섯 곡의 교향시. 두 번째 곡이 유명한 〈몰다우(블타바, Vltava)〉다. 조국의 과거와 산하의 아름다움을 표현한 이 작품은 체코 음악사에 중요한 이정표가 되었다}으로 시작된다. 2003년까지는 축제의 마지막 프로그램도 늘 베토벤의 교향곡 '합창'으로 통일되었다. 밀란 쿤데라의 소설 〈참을 수 없는 존재의 가벼움〉(1984)은 1968년의 프라하의 봄 사건을 배경으로 하는데, 소설 속에서 베토벤의 '합창' 교향곡도 분석하고 있다. 피아니스트였던 아버지의 영향으로 어릴 적부터 보아 왔던 프라하의 봄 음악축제가 이 작품에도 영향을 끼친 것일 테다.

〈참을 수 없는 존재의 가벼움〉은 1988년 〈프라하의 봄〉이란 제목으로 영화화됐다. 제작 당시, 작가가 직접 감독에게 체코 작곡가 야나체크(1854-1928)의 작품들을 영화음악으로 쓸 것을 제안했다고 하는데, 야나체크는 피아니스트였던 쿤데라 아버지의 동료 작곡가였다.

이렇게 다양한 예술 장르의 완성에는 많은 사람의 인맥이 작용했는데, 그 인맥의 절정을 이백 년 전 빈에서, 그리고 그 결과물을 프라하에서 지금도 만날 수 있다. 1786년 12월 프라하에서는 오페라 〈피가로의 결혼〉이 대성공을 거두고, 천재 작곡가 모차르트가 바로 다음 오페라의 초연 계약을 맺는다. 그리고 채 일 년이 지나기 전인 1787년 10월, 프라하 극장(현 에스타테즈 극장)에서 모차르트의 걸작 오페라 〈돈 조반니〉의 세계 최초 공연이 올려졌다. 지금도 이 극장은 유럽의 어떤 극장도 정규 작품을 올리지 않는 7월까지 〈돈 조반니〉를 올리는 특별한 극장으로 남아 있다.

오페라 〈돈 조반니〉의 대본은 매우 특별한 경력을 가진 이가 쓴 작품으로, 그는 베네치아에서 태어나 수도사로 살다가 자신의 신분으로는 상상도 할 수 없는 여인들과의 부적절한 애정 행각 때문에 오스트리아로 추방당한 로렌초 다 폰테(1749-1838)다. 다 폰테가 추방당하는 과정에서 그의 빈 정착을 도운 인물도 있었는데, 바로 그 유명한 희대의 바람둥이 카사노바(1725-1798)다.

다 폰테는 문학 교수 경력이 있었기에 빈에서 작가로 새 출발을 한다. 그리고 이내 필력을 인정받아 합스부르크 제국의 궁정 음악가 살리에리(1750-1825)를 소개받게 된다. 일단 궁정에 들어온 이상, 그가 모차르트를 만나게 되는 것은 시간문제였을 것이다. 베네치아의 다 폰테는 결국 모차르트의 대본 작가가 된다. 〈돈 조반니〉는 물론이고 이 두 사람의 손에서 지금까지도 활발히 공연되는 모차르트의 걸작 오페라들이 탄생하게 된다. 모차르트와 다 폰테는 3대 오페라 부파(Opera Buffa, 코믹 오페라)인 〈피가로의 결혼〉(1786), 〈돈 조반니〉(1787), 〈코시 판 투테〉(1790)를 함께 작업했다.

두 사람의 이야기를 듣다 보면 정말 운명이란 것이 있구나 하는 생각이 든다. 그들이 지나온 인생 가운데 사건 한 가지라도 달라졌다면 지금 우리가 '편지 이중창' 〈피가로의 결혼〉 3막 중 백작 부인과 수잔나의 이중창. '저녁 산들바람이 부드럽게'라는 제목이 있으나, 편지를 쓰며 부르기 때문에 '편지 이중창'으로 유명하다을 듣지 못할 수도 있지 않았겠는가 말이다. 물론 역사에 '만약'은 금물이지만.

이렇게 프라하라는 도시의 역사에는 일류 예술가들의 역대급 콜라보들이 무수히 존재해 왔다. 제2차 세계대전 발발의 장본인 히틀러가 전쟁이 끝나면 돌아와 살 곳이니 폭격을 금지했다는 이야기가 있을 정도로 아름다운 프라하. 이 도시의 아름다움은 곳곳에 숨겨진 예술가들의 이야기를 알고 나면 더 큰 감동으로 느껴질 것이다.

프로이트의 꿈, 그리스 신화를 품다

모차르트가 고향 잘츠부르크를 뒤로하고 빈으로 주 무대를 옮겼다는 소식에 합스부르크의 황제 요제프 2세는 자신의 궁으로 모차르트를 초대한다. 황제는 전도유망한 이 젊은 음악가를 환영하기 위해 궁정 악장 살리에리에게 별도의 작품을 미리 의뢰했고, 모차르트가 입궁하는 동안에 황제 자신이 피아노 앞에 앉아 그 곡을 손수 떠듬떠듬 연주한다. 멀리서 걸어 들어오면서 고작 한 번 들은 환영 행진곡을 모차르트는 그 자리에서 곧바로 외워 연주했고, 한술 더 떠 즉흥적으로 이렇게 하는 게 더 좋지 않겠냐며 무지막지하게 변주한다. 변주라기보다는 화성만 같지 완전히 다른 곡으로 만들어 버린다. 그 광경을 보며 여러 사람이 궁정 악장 살리에리의 표정을 살피는데, 애써 여유로운 척하지만 얼굴에는 '뭐 이런 놈이 다 있어?' 하는 당황스러워하는 감정이 드러난다. 이때부터 살리에리가 모차르트의 재능에 질투를 느끼고 모차르트의 죽음에 어느 정도 관여했다는 설정으로 영화 〈아마데우스〉(1984)도 만들어졌다.

위 내용이 사실 그대로든 과장이든 내게 이 영화는 재미뿐 아니라 빈의 모차르트가 어떤 인물이었는지, 그리고 주변 인물들과 시대 상황을 이해하는 데 많은 도움을 주었다.

당시 오스트리아-헝가리 제국의 주인 합스부르크 왕가의 정치적 문화적 경제적 역할은 실로 대단했다. 특히 음악가들은 일단 빈으로 가야 국제적 명성을 쌓을 수 있었기에, 빈을 외치며 입성했다. 문화의 중심지가 되었다는 것은 그만큼 많은 자본이 문화에 투자되었다는 의미이고, 그래서 여타 다른 곳에서는 엄두도 내지 못할 큰 규모의 작품들이 올라갔던 것이다. 대표적인 장르가 오페라였고, 심지어 도시 외곽의 작은 극장까지도 화려한 무대장치를 만들 수 있을 만큼의 재정이 당시 빈에는 확보되어 있었다. 이는 영화 〈아마데우스〉 중 빈 외곽의 일반 대중을 위한 극장인 프라이하우스 극장에서 자국의 언어로 만든 오페라 〈마술피리〉(1791)가 처음 올라갔을 때 화려한 무대장치와 특수 효과에 관객들이 열광하는 장면을 통해 볼 수 있다.

모차르트 이후 빈에는 수많은 명작곡가들이 활동하게 되면서 그들의 작품을 연주하기 위해 뛰어난 기량의 연주자들이 지금 미국의 브로드웨이만큼 모여들었을 것이다. 19세기 빈은 음악가들에겐 꿈을 이루어 줄 도시였다. 지금도 빈은 '꿈의 도시'라는 공식적인 별칭이 있다. 그런데 재미있는 것은 그 꿈이 '노력을 통해 이루는 꿈'이 아닌 '잠을 잘 때 꾸는 꿈'을 의미한다는 것, 즉 음악가가 아닌 지그문트 프로이트(1856-1939)라는 정신과 의사 때문에 붙여진 별칭이라는 것이다. 의미는 다르지만, 모차르트 시대의 빈 시대상과 기가 막히게 잘 맞아떨어지는 별명이다.

사실 프로이트는 뱀장어의 생애 주기 연구에 몰두하던 괴짜였는데, 이렇다 할 성과가 없자 정신분석과 최면이라는 전혀 다른 노선을 택하게 되었다. 그리고 《꿈의 해석(Die Traumdeutung)》(1899)이라는 저서를 내면서 그때까지의 정신세계를 연구하는 방법에 전혀 다른 개념의 돌을 던졌다. 20세기 가장 획기적인 성과를 이룬 인물로 물리학의 아인슈타인(1879-1955)과 더불어 정신분석학의 프로이트를 꼽을 정도로 그는 인류에게 큰 영향을 미쳤다. 무의식이라는 개념으로 우리의 정신세계를 분석할 수 있고, 그로 인해 결과적으로 인간을 이해할 수 있다는 획기적인 생각이 그로부터 생겨난 것이다. 물론 맞지 않는 부분도 많다고 지금의 의학자들은 말한다. 그러나 존재하는 것을 비평하는 것이야 쉽지만 처음으로 어떠한 이론을 만들어 낸다는 것은 아무나 할 수 있는 일이 아니다.

프로이트의 이론 중 인간의 인격 형성 발달 단계에 있어서 두 가지 콤플렉스가 나오는데, 바로 그 유명한 오이디푸스 콤플렉스와 엘렉트라 콤플렉스다. 둘 모두 그리스 신화에서 유래한 용어로, 한때는 절친했던 카를 구스타프 융(1875-1961)과 함께 붙인 이름이라고 알려져 있다. 아버지를 죽이고 어머니와 결혼하는 '오이디푸스'와, 아버지를 죽인 어머니에게 복수하는 '엘렉트라'라는 인물에게서 가져온 것으로, 인간이 성장 과정에서 겪는 정신적 혼란을 표현한다. 이 신화 속 이야기는 오페라로도 만들어졌는데, 스트라빈스키(1882-1971)가 작곡하고 장 콕토(1889-1963)가 대본을 쓴 〈오이디푸스 왕〉(1927)과 빈 국립 오페라극장장까지 했던 리하르트 슈트라우스(1864-1949)의 〈엘렉트라〉(1909)가 그것이다.

우리에겐 오이디푸스보다 좀 더 생소한 〈엘렉트라〉의 내용을 간단히 이야기하자면, 목숨을 걸고 전쟁을 치른 남편이 집에 돌아왔다가 부인의 외도 장면을 목격했는데 적반하장으로 부인이 외도남과 힘을 합쳐 남편을 살해한다. 이 부부 사이엔 자식으로 남매가 있었고, 훗날 이 남매가 어머니와 외도남 둘 모두를 죽이게 되는데 딸의 이름이 바로 엘렉트라다. 매우 비극적이고 지금 시대에 보아도 과장된 소위 막장 드라마가 기원전 8세기에 활동했던 호메로스(BC 800-750)가 저술한 〈일리아스〉와 〈오디세이아〉 호메로스의 작품으로 전해지는 서사시로, 서양 문학의 최초이자 최고의 걸작으로 손꼽힌다. 기원전 8세기경에 구전으로 성립되고, 기원전 6세기경에 문자로 기록되었다고 추정된다. 〈일리아스〉는 십 년여에 달하는 트로이와 그리스 간의 전쟁에서 단 며칠 동안의 이야기에 집중한다. 이 서사시의 실제 주인공은 그리스의 영웅 아킬레우스다. 〈오디세이아〉는 흔히 〈일리아스〉의 속편으로 간주되지만 내용이 곧바로 이어지진 않는다. 바다 요정 칼립소의 섬을 떠나 알키노스 왕의 궁전에 도착한 오디세우스가 자신의 모험을 회고하는 긴 이야기가 끝나면, 고향에 돌아간 그가 오랜 세월 동안 자기 집을 유린한 자들에게 복수하고 아내와 재회하는 것으로 서사시는 마무리된다라는 책을 통해 지금까지 전해 오고 있다.

요즘, 고전을 이해하자는 인문학에 대한 고찰이 한국 사회에서 대유행이다. 인간은 지금 눈으로 보고 계산한 결과가 아닌, 경험의 축적을 통해 옳다고 판단하는 쪽을 우선적으로 선택한다고 한다. 그렇다면 우리는 고전을 통해 이전 선배들의 경험을 흡수해서 엄청난 내공으로 인생을 살아가고 있는 건 아닐까? 꿈을 좇던 프로이트가 우리에게 진짜 말하고 싶었던 것은 '꿈을 잃지 말라!'는 이야기가 아니었을까?

춤추고 노래하는 박쥐

전 세계에서 가장 많이 올라가는 오페라 순위 20위까지를 살펴보면 이탈리아어가 아닌 오페라는 단 네 편으로, 그중 세 편이 독일어, 나머지 하나는 러시아어 오페라차이콥스키의 오페라 〈에브게니 오네긴(Eugene Onegin)〉(1879)다. 독일어 오페라 중 두 편은 오스트리아 작곡가의 작품이고, 독일 작곡가의 작품은 〈헨젤과 그레텔〉(1893)뿐이다. 다양한 해석이 가능한 작품성에 대한 이야기는 일단 제쳐 두고 대중성 면에서 살펴보면, 가장 많이 공연되는 독일어 작품인 모차르트의 〈마술피리〉(1791)와 훔퍼딩크의 〈헨젤과 그레텔〉은 동화 같은 내용으로 다양한 연령층에 어필하고 있다. 마지막으로 나머지 한 작품은 작품 자체가 너무 재미있어 지금까지 많은 사랑을 받고 있다 할 수 있는데, 바로 왈츠의 황제 요한 슈트라우스 2세(1825-1899)가 작곡한 오페라 〈박쥐(Die Fledermaus)〉(1874)다.

제목만 들어서는 재미와 흥은커녕 어둡고 음산한 현대의 '배트맨' 이미지가 떠오르지만, 사실 코믹 오페라 중에서도 가장 웃기는 작품이라 할 수 있을 정도로 반전이 있는 작품이다. 일반적인 오페라와는 달리 연극에서나 볼 수 있는 대사로 스토리를 진행하고 신나는 음악은 흥을 돋우는 역할을 한다.

첫 공연은 작곡가 요한 슈트라우스 2세의 지휘 아래 1874년에 이루어졌고, 이 년 후 영국으로 넘어가 독일어가 아닌 영어로만 1895년 전까지, 그러니까 초연 후 이십 년간 영어로만 공연되었다. 오늘날의 오페라들이 처음부터 끝까지 원어 공연을 고집하는 것을 생각해 봤을 때, 작곡된 언어가 아닌 다른 언어로 이십 년 동안 공연됐다는 것이 참 생소하지만, 대사가 많은 작품의 특성상 관객의 이해를 돕기 위한 선택이었다고 볼 수 있다. 이런 이유로 오늘날 이 오페라의 대사 부분 만큼은 각국의 언어 버전으로 공연하곤 한다.

오페라의 줄거리는 친구끼리의 장난에서 시작된다. 남자 주인공인 금융계의 부호 가브리엘 폰 아이젠슈타인은 그의 친구인 팔케 박사와 함께 가장무도회에 놀러 갔다가 다음 날 새벽 술에 잔뜩 취해 잠든 팔케를 거리에 내버려둔 채 혼자 마차를 타고 돌아가 버렸다. 박쥐 분장을 하고 무도회에 갔던 팔케는 흉측하고 우스꽝스러운 모습으로 출근길 행인들에게 발견되어 망신을 당하고 이에 아이젠슈타인에게 보복하려고 계략을 꾸민다. 우선 아이젠슈타인과 주변 인물들을 모두 오를로프스키 공작 저택의 무도회에 초대하는 일이 복수의 첫 단계. 그 사이 세무서 직원과 싸우다 폭행죄로 구류 판결을 받은 아이젠슈타인과 그의 부인 로잘린데, 부인의 젊은 내연남 그리고 거짓 휴가를 받는 연기력 좋은 하녀, 이들이 오를로프스키 공작의 무도회장에서 만나 서로의 정체를 속이는데, 이때 벌어지는 좌충우돌 코믹한 장면들은 이 작품의 큰 볼

거리다. 결국, 아내의 외도 사실이 발각되고 일은 더욱 복잡하게 진행되지만, 이런 보드빌프랑스어로 vaudeville. 노래나 촌극 등에 의한 버라이어티 쇼 코믹 공연의 마지막은 모두가 행복한 결말이다.

뮤지컬과 흡사하게 연극 대사와 아리아들이 함께하는 이런 오페라들이 당시 많은 인기를 끌면서 여러 작곡가에 의해 만들어지기 시작했는데, 특히 빈이 그 중심이 되어 '빈 오페레타(Viennese Operetta)'라고 불리게 된다. 물론 요한 슈트라우스 2세가 그 중심에 있었다.

빈의 시민공원인 슈타트파크에 가 보면 금칠한 음악가 조각상이 있는데, 그가 바로 요한 슈트라우스 2세다. 신왕궁 안에 있는 모차르트 동상과 달리, 시민들이 일상적으로 찾는 공원에 자리한 요한 슈트라우스 2세의 동상은 그가 빈 대중에게 친숙한 작곡가로서 큰 사랑을 받았던 인물임을 보여 준다. 이는 지금도 빈 필하모닉 2015년 여름, 음악 여행 중 빈에서 만난 대한민국 대사의 목표 중 하나가 빈 필하모닉의 공식 정기 음악회에 한국의 솔리스트 음악가를 세워 보는 것이라고 할 만큼 아직도 장벽이 꽤 높은 곳이기도 하다의 신년음악회와 빈 국립 오페라극장 영화 〈미션 임파서블: 로그네이션〉(2015)에 등장하는 오페라극장 무도회의 주요 테마가 슈트라우스의 왈츠임을 보아도 알 수 있다.

빈 신년음악회는 오스트리아의 대표 관현악단인 빈 필하모닉이 매년 12월 31일 밤과 1월 1일 정오에 빈 음악협회 황금홀에서 개최하는 음악회로, 정식 명칭은 빈 필하모닉 오케스트라 신년음악회(Neujahrskonzert der Wiener Philharmoniker)다. 왈츠와 폴카 등으로 대표되는 빈 춤곡을 빈 필이 연주하기 시작한 것은 1920년대 초반이었으며, 이것을 송년과 신년 행사로 정립하고자 하는 움직임이 일기 시작해 1939년에 설립된 것으로 알려져 있다. 지휘자는 '빈 출신' 혹은 '빈에서 오랫동안 음악을 배운 사람'을 초청한다는 암묵적인 원칙이 있었으나, 1990년대 들어 많이 완화되었다. 음악회의 연주곡들은 빈과 오스트리아의 지역색을 살리기 위해 빈 출신 혹은 빈에서 주로 활동한 작곡가들의 작품 위주로 선정되며, 그중에서도 가장 많이 선곡되는 작곡가는 요한 슈트라우스 2세다.

유명 정치인, 외교 사절, 사업가, 예술가들이 연미복과 드레스 차림으로 객석에 모습을 드러내는 오스트리아 빈 사교계의 최대 이벤트인 오페라 무도회는 입장료가 워낙 비싸 1968년에는 극장 앞에서 반대 집회가 일어나 많은 사람들이 다치는 사건도 있었지만, 지금은 도시에 엄청난 재정 수입을 보장하는 행사가 되었다. 그런데 그렇게 비싸다는 무도회의 입장료는 사실 우리나라 예술의전당 오페라 공연이나 내한한 외국 오케스트라 공연 티켓 가격과 비슷하다. 막연히 먼 나라의 일이라고 관심을 끊지 않아도 좋다는 얘기다.

우리에게도 세계인이 주목하면서 일반 대중도 즐길 수 있는 국제적인 음악 행사가 있었으면 좋겠다. 빈 오페라 무도회만 해도 이런 명성을 얻기까지 이백 년의 시간을 갈고닦으며 이어 온 것이다. 즉 돈만 있다고 만들 수 있는 것이 아니다. 오랜 세월과 꾸준한 노력이 만들어 낸 결과가 아닐까? 수없이 생겨나는 대한민국 지자체의 문화 행사 중에서도 이백 년 후엔 세계를 주름잡는 축제가 있을 거라는 기대를 해 본다.

빈 오페라 볼. 유명 정치인, 외교 사절, 사업가, 예술가들이 연미복과 드레스 차림으로 객석에 모습을 드러내는 오스트리아 빈 사교계의 최대 이벤트인 오페라 무도회는 입장

료가 워낙 비싸 1968년에는 극장 앞에서 반대 집회가 일어나 많은 사람들이 다치는 사건도 있었지만, 지금은 도시에 엄청난 재정 수입을 보장하는 행사가 되었다.

부다페스트에 살았던 원조 아이돌

TV 드라마 〈아이리스〉(2009)에서 배우 이병헌이 활약하던 로케이션 촬영지이면서, 제2차 세계대전 당시 독일과 유대인의 갈등으로 빚어진 홀로코스트를 주제로 한 영화 〈글루미 선데이(Gloomy Sunday)〉(1999)의 배경이 되었던 부다페스트. 2015년 여름, 유럽 음악 여행 중 헝가리 대사의 초청으로 이 역사적인 도시에서 연주를 하게 되었다.

여행을 떠나기 전, 부다페스트에 관한 정보를 찾아보았는데 특이한 호텔 하나가 눈에 띄었다. '그랜드 부다페스트 호텔'이라는 거대한 분홍빛 호텔. 독특한 외관과 주변의 절경이 마음에 들어 좀 더 자세히 알아보니, 2014년 발표된 동명의 영화에 등장한 호텔이란다. 호텔에서 일어난 살인 사건을 감각적인 색감, 기묘하지만 코믹한 상황들, 그리고 복고적인 이미지로 평범하지 않게 표현하여 많은 사람으로부터 호평을 받았고, 제87회 아카데미 미술상을 비롯한 네 개 부문에서 상을 받았다. 그런데 그 감탄을 자아냈던 호텔의 외부는 3미터짜리 미니어처 호텔을 만들어 촬영한 것이라고 하니, 결국 그 호텔은 세상에 존재하지 않는 호텔이었다. 허상을 좇고 있었다는 실망도 잠시, 제작 뒷이야기를 계속 읽다 보니 영화를 상징하고 지배하는 분홍색이 바로, 서른일곱 살의 괴테가 야반도주했던 그 장소 '카를로비 바리'의 '팰리스 브리스톨 호텔(Palace Bristol Hotel)'로부터 영감을 받은 거라는 흥미로운 사실을 알게 됐다. 그래서 길지 않은 여정이지만 꼭 돌아봐야 할 곳으로 체크해 두었다.

부다페스트는 본래 강을 사이에 두고 귀족들이 살던 부다 지역과 평민들이 살던 페스트 지역에 '체인브리지' 헝가리 사람들은 이 다리를 제작자 세체니 백작의 이름을 따서 부르고 있다라는 이름의 다리가 놓인 계기로 하나의 도시로 발전하게 되었다. 십대 초에 활동 무대를 빈으로 옮겼지만 이 역사적 다리를 목격했던 헝가리의 세계적인 음악가가 있었는데, 그가 바로 프란츠 리스트(1811-1886)다.

한국 사람들 대부분이 리스트라는 이름을 한 번쯤은 들어 봤을 것이다. 피아니스트 리스트는 부다페스트라는 도시의 상징 중 하나이자 없어서는 안 되는 존재다. 부다페스트에는 그의 박물관뿐 아니라 그가 직접 세운 리스트 음악원이 있다. 건물 정문으로 들어가면 의자에 앉아 있는 리스트 석상이 보인다. 유학 시절 잠시 방문한 경험이 있는데 우선 그 분위기에 압도당했고 음악원 내의 크고 작은 공연장들을 보며 부러워했던 기억이 생생하다.

동시대의 실력과 유명세를 갖춘 많은 피아니스트를 제치고 왜 리스트라는 이름이 피아노의 황제로 지금까지 남아 있는지에 대해 여러 가지 이야기가 있다. 이야기의 상당수는 TV나 라디오가 없던 시절 입소문만으로 삽시간에 유명 인사가 된 그의 음악을 듣기 위해 많은 여성들이 음악회장으로 몰려들었고, 화려하고 마초적인 그의 음악을 듣고 '스탕달 신드롬' 예술 작품을 보거나 듣고 감정적 충격에 빠져 갑자기 기절하거나 감정적 제어가 어려운 상태가 되는 현상에 빠져 버리는 일이 비일비재했다고 전한다.

내게도 대학 시절 수업 시간에 들은 그에 대한 일화가 기억에 남아 있다. 최고의 연주자로 추앙받던 리스트가 돌연 수도사처럼 칩거하다 오랜만에 독주회를 열자 이를 알고 어렵게 참석한 한 여기자가 있었다. 그녀는 리스트의 복잡한 여성 편력을 말해 주는 여러 스캔들과, 프로이센 황제가 준 다이아몬드를 면전에서 무대 밖으로 던졌다는 소문이 돌 정도로 괴팍한 성격에 대해 일찍이 들어 리스트에 대해 좋지 않은 편견을 가지고 있었다. 그러니 당연히 연주에 대한 혹독한 비평을 위해 만반의 준비를 마친 상태였다. 그리고 연주가 끝난 후, 그녀는 신문에 다음과 같은 비평을 실었다.

"그가 무대에 올라 손을 들어 피아노 건반을 눌러 첫 소리를 낸 그 순간, 거기부터 기억이 없다. 그리고 문득 정신을 차린 건 그곳에 있던 다른 여인들과 마찬가지로 속옷을 던지고 있던 나를 발견한 순간이다."

연주 후, 마차 서른 대의 호위 속에 수십 대의 열성적인 팬 마차가 따르던, 여섯 마리의 백마가 끄는 마차를 탄 클래식 연주가 리스트의 모습은 마치 왕과 같았다고 한다.

'피아노의 황제'라는 별명답게 그의 작품은 주로 피아노곡에 편중되어 있고, 그중에 오페라는 〈돈 상슈(Don Sanche)〉 1막짜리 오페라. 유실되었다가 1977년 모던 프로덕션 초연했다라는 작품이 유일하다. 하지만 당시 유명했던 다른 작곡가들의 작품인 〈돈 조반니〉, 〈리골레토〉, 〈탄호이저〉 등의 오페라 아리아를 주제로 만든 피아노 편곡 작품들이 살롱음악회 등지에서 자주 연주되었고, 지금도 피아니스트 사이에서 필수 아이템이 되었다.

리스트는 악마 같은 기교와 카리스마로 유명했을 뿐 아니라 나라를 대표하는 이름으로 남았다. 부다페스트 공항의 이름이 바로 리스트 공항이다. 화려했던 합스부르크의 많은 위인을 뒤로하고 클래식 음악가 한 사람의 브랜드 파워가 그토록 엄청났다니 격세지감을 느낄 뿐이다.

영화 〈그랜드 부다페스트 호텔〉 포스터와 리스트. 피아니스트 리스트는 부다페스트라는 도시의 상징 중 하나이자 없어서는 안 되는 존재다. 부다페스트에는 그의 박물관뿐 아니라 그가 직접 세운 리스트 음악원이 있다.

꽃보다 피터를 사랑한 차이콥스키

과거의 많은 문학 작품과 현대에 들어서는 영화 배경으로 자주 등장하는 아름다운 도시 상트페테르부르크는 소비에트 연방 시절 레닌그라드라 불렸던 곳으로, 러시아의 피터 황제가 핀란드로부터 거둬들인 땅을 러시아 제국의 수도로 계획해 만든 도시다. 원래의 계획대로 서구 문물을 받아들이는 창구가 된 상트페테르부르크는 18세기 후반 러시아 최대의 무역항이 되었고, 1851년에는 러시아 최초의 철도도 놓였다.

이백여 년 동안 러시아의 수도 역할을 한 이 도시에, 피터 1세를 위시한 역대 황제들은 교육과 문화 시설을 세우는 데 심혈을 기울였다. 건설 과정에 프랑스, 이탈리아 등지에서 초빙된 건축과 조각의 거장들이 참여했기 때문에 '러시아의 파리'라 불릴 정도로 서구 유럽의 색채가 짙다. 세계적인 마린스키 극장에는 오페라단과 발레단이 상주하는 만큼 수많은 무용수와 안무가를 배출했고, 1987년 노벨문학상 수상자인 조지프 브로드스키가 태어난 도시이기도 하다. 또한, 러시아 대통령 푸틴의 고향이기도 하며, 자존심 강한 러시아 사람들은 'Sankt^{Saint}의 러시아식 표기 Peterburg'에서 'Sankt'와 'Burg'라는 외국 말은 빼고 '피터'라고만 부를 정도로 그들에게는 자부심 강한 도시로 여겨지고 있다.

상트페테르부르크는 문화와 예술의 도시답게 수많은 영화와 소설의 배경이 되었고, 오페라 또한 빠질 수 없다. 상트페테르부르크에서 생을 마감했던 러시아의 대문호 푸시킨(1799-1837)의 작품들은 많은 작곡가에게 영감을 주어 수많은 오페라가 탄생하는 데 큰 역할을 했다. 글린카의 〈루슬란과 류드밀라〉(1842), 무소륵스키의 〈보리스 고두노프〉(1869), 림스키코르사코프의 〈모차르트와 살리에리〉(1898)는 모두 푸시킨의 원작을 바탕으로 만들어진 오페라들이다. 지금도 활발하게 공연되는 작품이 차이콥스키(1840-1893)의 〈예브게니 오네긴〉(1879)과 〈스페이드 여왕〉(1890)이다.

〈예브게니 오네긴〉에서는 시골 처녀의 순정을 하찮게 여기는 도도한 남자 오네긴과 그를 사랑하게 된 고통을 겪으며 성숙한 여인으로 거듭나는 타티아나, 〈스페이드 여왕〉에서는 인생은 게임이라며 도박에 빠져 크게 성공할 날만 생각하는 독일 장교 헤르만과 그런 그에게 반해 이용당하는 어리석은 여성 리자 등 푸시킨의 원작은 등장인물의 심리를 치밀하게 묘사하였고, 여기에 차이콥스키가 극적인 설정을 넣어 현재까지 가장 인기 있는 러시아 오페라로 만들었다. 모두 비극으로 끝나는 염세주의적 분위기의 작품들이지만 함박눈이 내리는 페테르부르크를 배경으로 구석구석 극한의 낭만주의가 살아 숨 쉬는 아름다운 오페라들이다.

1848년 페테르부르크로 이주한 뒤부터 본격적으로 음악을 공부하기 시작했던 차이콥스키는 음악원을 졸업하고 작곡가의 길로 들어서면서 동시에 모스크바 국립음악원에서 학생들도 가르쳤는데, 사실 그는 그 일을 꽤 싫어했다고 한다. 가르치는 일 자체도 시간 낭비처럼 느껴졌지만 그에게는 대인기피증도 있었다. 때문에 학교에서 많은 사람들과 관계를 맺으며 살기란 쉽지 않았을 것이다. 평범한 일을 하는 사람이었다면 대인기피증이 있건 말건 아무도 관심 없었겠지만, 그는 삼십 대에 이미 유명한 작곡가로 성장해 있었고 팬들도 상당히 많았기에 사람들이 그를 내버려 두지 않았다. 그리고 결정적으로 그를 둘러싼 이상한 루머가 일파만파 퍼져 갔기에 이 문제에 대한 스트레스가 눈덩이처럼 커져만 갔다. 그것은 다름 아닌 그가 동성애자라는 루머였다. 그의 형제자매 중 두 명이 동성애자라는 사실이 루머를 더 키웠다. 이런 문제는 지금도 매우 민감한 일인데, 당시엔 사람의 인생을 좌지우지할 수 있는 것이었기에 그는 루머를 잠재우려 결혼을 서두를 수밖에 없었다. 그래서 마침 그에게 열렬한 구애 편지를 보내던 여제자 안토니나를 아내로 맞게 된다. 법적으로 두 사람의 결혼은 안토니나가 병으로 사망할 때까지 이어졌으나, 실질적으론 석 달 만에 별거에 들어갔다고 한다.

선천적으로 몸이 약한 데다 루머에 시달리느라 결혼 전부터 신경쇠약과 우울증에 시달리던 차이콥스키는 고통스러운 결혼 생활 때문에 자살 기도까지 했다. 동성애자라는 소문, 적성에 맞지 않는 교직 생활, 그리고 불행한 가정까지 꽉 막힌 그의 인생에 마침내 돌파구가 나타나는데, 부유한 미망인 나데즈다 폰 메크 부인의 후원이었다.

폰 메크 부인은 차이콥스키의 천재적 재능을 알아보고, 그가 가르치는 일을 그만두고 작곡에 몰두하도록 도왔다. 또한, 음악과 인생에 대해 수

많은 편지를 교환하며 차이콥스키와 이른바 '플라토닉' 한 사랑을 나눴다. 사랑과 우정 사이를 넘나들던 두 사람의 관계는 무려 십사 년간 지속됐지만 실제로 만나지 않는다는 조건이 있었다. 차이콥스키만큼 그녀도 대인기피증을 가지고 있었을까? 아니면 정신적 사랑의 환상을 깨고 싶지 않았던 것일까? 두 사람이 주고받은 천이백 통이 넘는 편지와 폰 메크 부인의 물질적 후원은 차이콥스키의 활동에 큰 힘이 되었다. 사생활은 달라질 것이 없었기에 늘 죄책감과 우울감에 시달리면서도 차이콥스키는 명작들을 쏟아 냈다. 〈예브게니 오네긴〉(1878), 〈잠자는 숲 속의 미녀〉(1889), '현을 위한 세레나데', '이탈리아 기상곡', '1812년 서곡'(1880) 등의 작품이 모두 폰 메크 부인의 후원하에 만들어졌다. 폰 메크 부인의 원조가 끊어지고 삼 년 만에 그가 사망했다는 것은 차이콥스키가 그녀에게 많이 의지하고 있었음을 알게 한다.

누군가 그랬다. "고통 없이 만들어진 예술은 미완성이다."라고. 비록 차이콥스키의 삶은 온갖 고통으로 볕 들 날이 없었으나, 고통 속에서 피어난 그의 작품들은 지금도 누군가에게 따뜻한 위로가 되고 있을 터이다. 한겨울 상트페테르부르크의 찬 바람 같은 가슴 시린 차이콥스키의 음악을 들으며 그 애수를 달래 줄 따뜻한 커피 한잔을 음미해 보는 건 어떨까?

가을엔 편지를 쓰고,
겨울엔 〈라 보엠〉을 보라

어느 해 겨울, 미국에서 전국 순회 연주를 하던 중 뉴욕 맨해튼을 둘러볼 여유가 있었다. 직업이 직업인지라 메트로폴리탄 오페라하우스와 브로드웨이의 극장들을 유심히 살펴보는데, 뮤지컬의 중심지인 브로드웨이에서 그곳과 어울리지 않는 간판을 하나 발견했다. 내 눈이 잘못됐나 싶어 몇 번을 다시 보아도 분명 오페라 〈라 보엠(La Boheme)〉(1896)이었다. 브로드웨이에 〈라 보엠〉이라니……. 궁금증이 발동했는데, 휴관일이라 무대 스태프의 배려로 극장 무대도 살펴볼 수 있었다.
작품의 연출자는 영화 〈물랭 루즈〉(2001)를 감독한 바즈 루어만이었고, 출연진은 기획자의 입맛에 맞게 캐스팅된 여러 나라의 아티스트들로 가득했다. 언뜻 보기에도 포스터는 아름다웠고, 실력으로 이름난 아티스트들은 멋진 외모까지 뽐내고 있었다. 게다가 보통 삼사 회 공연 후 막을 내리는 한국의 현실과 너무나 비교되게 연일 매진 중이라 했다. 물론 치밀한 기획과 홍보가 있었겠지만, 어쨌든 너무나 부러운 마음에 질투까지 났었다. 사실 〈라 보엠〉은 뮤지컬 버전뮤지컬 〈렌트(Rent)〉(미국, 1996)이 있는데도 따로 오페라를 올리는 걸 보고, 역시 대중적이고 흥행성이 있는 오페라임을 다시 한 번 확인했다.

브로드웨이의 〈라 보엠〉을 생각하자니 〈라 보엠〉 덕에 아름다움이 배가 된 영화 한 편이 생각난다. 오페라 〈라 보엠〉의 낭만을 잘 녹여 낸 영화 〈문스트럭〉(1987)은 뉴욕에 정착한 이탈리아 이민 후예들의 사랑을 그리고 있다. 오페라극장과 다소 거리가 먼 삶을 살던 주인공 남녀가 나비넥타이와 드레스 차림으로 오페라하우스 앞에서 만나 눈 내리는 배경의 〈라 보엠〉을 감상하고, 마치 그들의 상황을 대변하는 듯 애절하고 로맨틱한 오페라 장면에 여주인공의 닫혔던 마음이 열린다. 영화 속에 낭만의 절정인 뉴욕의 보름달이 등장하면 잔잔하고 세련되게 편곡된 '무제타의 왈츠'가 배경에 깔린다. 배경 음악이 인물들의 대화에 달콤함을 얹어 주는 것은 기본이다.

〈라 보엠〉은 눈 내리는 겨울 장면이 등장하는 몇 안 되는 오페라 중 하나인지라 겨울 공연 리스트에 빠짐없이 등장한다. 2012년 내가 운영하는 아트홀에서도 소규모로 〈라 보엠〉 에센셜 공연을 기획해 관객들로부터 좋은 반응을 얻었고, 같은 날 동시에 서울대학교 음악대학에서도 올렸으며, 며칠 후 강동아트센터에서도 이 오페라를 공연하였다.

이처럼 관객들에게 큰 사랑을 받는 오페라도 탄생까지 매우 험난한 산고를 거쳐야 했는데, 그것도 두 작곡가의 경쟁 속에서 마치 샴쌍둥이처럼 태어나 둘 중 하나는 포기해야만 했던 안타까운 이야기를 소개하고자 한다.

작곡가 레온카발로(1857-1919)는 1888년 이탈리아의 손조뇨 출판사가 주최한 작품 공모전에 〈팔리아치〉(1892 초연)를 출품해 비록 수상은 못했으나 우승작과 버금가는 좋은 평가를 얻어 지금까지도 사실주의 오페라^{베리스모(Verismo) 오페라. 신화나 영웅담이 주가 되는 낭만주의 오페라와 대조적으로, 일상생활 속 사건을 통해 인간의 추한 단면을 솔직히 표현했다}의 대표 작곡가로 이름을 남겼다. 〈팔리아치〉는 실제 우승작과 같이 공연하는 더블빌(Double bill)이라는 형태로 자주 공연된다.

공모전 당시는 그야말로 푸치니의 작품이 대세여서 그와 계약한 출판사 외에는 다들 쉽게 말해 장사가 안됐다. 형편이 좋지 않던 출판사 중 하나였던 손조뇨는 신인 작곡가를 발굴하기 위해 공모전을 열었고, 이 공모전에서 레온카발로는 물론이고 오페라 〈카발레리아 루스티카나〉(1890 초연)로 우승을 차지한 마스카니(1863-1945)도 찾아내게 되었다. 이들의 작품은 유명 지휘자 토스카니니(1867-1957)의 지휘로 한 무대에서 공연되어 전 세계 사실주의 오페라의 정점을 찍는다. 그 후 마스카니는 열다섯 편, 레온카발로는 열세 편의 오페라를 작곡했지만, 〈카발레리아 루스티카나〉와 〈팔리아치〉를 제외한 나머지 오페라는 모두 흥행에 실패했다. 한편 이 두 명의 작곡가에겐 동고동락한 친구가 있었는데, 바로 이들보다 일찍 오페라 작곡가로 성공 가도를 달리고 있던 푸치니였다.

푸치니가 차기작을 구상하느라 정신이 없던 어느 날, 레온카발로는 〈라 보엠〉의 원작을 그에게 추천했다. 작은 소품으로 이루어진 원작은 그들의 가난했던 학창 시절을 연상시키는, 소박하지만 낭만적인 내용이었다. 하지만 푸치니는 〈마농 레스코〉(1893)의 히트 이후 더 화려한 작품을 구상 중이었기에 평범한 사람들의 이야기는 성에 차지 않았는지 작

〈라 보엠〉 포스터. 〈라 보엠〉은 눈 내리는 겨울 장면이 등장하는 몇 안 되는 오페라 중 하나인지라 겨울 공연 리스트에 빠짐없이 등장한다.

곡에 진전을 보이지 않았다. 시큰둥한 푸치니를 보고 레온카발로는 직접 작품을 쓰기 시작했다. 그러자 웬일인지 갑자기 속력을 올린 푸치니가 레온카발로보다 먼저 작곡을 마치더니, 수개월 앞서 〈라 보엠〉을 발표해 버렸다. 이들은 이 일로 인해 죽을 때까지 절교하게 되었다.

뒤늦게 공연되긴 했지만 레온카발로의 〈라 보엠〉(1897)은 평단으로부터 완성도 높은 작품이라 찬사를 받았고, 상도(?)를 벗어난 행위가 알려졌던 것인지 푸치니의 오페라는 초연에서 혹평에 시달려야 했다. 그러나 이에 굴하지 않은 푸치니는 여러 차례 작품을 수정했고, 결과적으로 푸치니의 압도적 승리로 전쟁은 끝이 났다. 푸치니의 작품이 발표된 지 14개월 만에 영국에서 초연한 것과는 대조적으로, 레온카발로의 작품은 74년 후인 1970년이 되어서야 영국에서 초연된 것만 보아도 그 인기 차이를 짐작할 수 있다. 오페라의 전성시대에 있었던, 참으로 전설 같은 이야기다.

라디오를 켜 놓고 공부하던 시절, 마이클 잭슨이나 스티비 원더의 주옥 같은 노래들을 무슨 말인지 다 이해하며 즐겼던 이가 얼마나 있을까? 음악은 만국 공통어다. '섹시 레이디'와 '강남스타일'만 가지고 세계 음악 시장을 뒤흔든 싸이를 보더라도 언어 문제는 큰 문제가 아니다. 항상 안 되는 이유보다는 되는 이유를 찾는 것이 좀 더 발전적이지 않을까? 몇 주가 아닌 수백 년 동안 전 세계를 뒤흔들었던 음악을 듣고 즐길 줄 아는 세련된 사람과 만나, 〈라 보엠〉에서처럼 눈 내리는 겨울날 뜨거운 차 한잔 나누며 대화하고 싶은 생각이 문득 든다.

푸치니의 세 가지 예물

1886년, 독일의 엔지니어 카를 벤츠(1844-1929)가 가솔린 엔진을 장착한 최초의 자동차를 만들었다. 그로부터 십오 년이 지난 1901년 오페라 작곡가 푸치니는 처음으로 자동차를 구입했고, 이후 일이 년 주기로 차를 바꿨다. 사실 자동차가 개발되었다고 해도 곧바로 대중화된 것도 아니었고, 그러니 지금처럼 할부나 리스 제도가 있던 것도 아닌데, 새 차가 나왔다 하면 그냥 현금으로 안 사고는 못 배겼던 푸치니는 요즘 말로 얼리어답터였던 것이다. 이런 럭셔리 취미를 가능하게 한 배경에는 서른다섯 살이라는 비교적 늦은 나이의 신인 작곡가를 단번에 세상에 알린 오페라 〈마농 레스코〉(1893)와 연이어 발표된 〈라 보엠〉(1896), 〈토스카〉(1900)의 성공이 있었다.

푸치니는 세 편의 오페라로 지긋지긋한 가난에서 벗어나 세계 최고의 몸값을 자랑하는 작곡가가 되어 부와 명예를 한꺼번에 이루었다. 첫 차를 사고 이 년 후 구입한 그의 두 번째 차는 당시 프랑스 최고의 레이블이었던 클레망 바이야르(Clément-Bayard)였다. 지금과는 비교가 안 되는 이십 마력 정도의 엔진을 달고 다녔으니 뭐 달려 봐야 얼마나 달렸겠는가. 그런데도 푸치니는 항상 법정 제한 속도를 넘겨 달리곤 했다. 그 증거로 1902년에 푸치니에게 부과된 공식적인 과속 벌금형 기록도 남아 있다.

푸치니는 차를 위해서 돈을 무제한으로 풀었는데, 삼만오천 리라를 들여서 이탈리아 최초의 오프로드 SUV 차량을 주문 제작해 타고 다녔다. 차에 대한 애정이 이 정도니, 그가 좀 더 일찍 성공했더라면 그의 첫 차 구입 시기 역시 앞당겨졌을 것이 확실하다.

푸치니는 자동차만큼이나 여인들도 좋아했다. 쉽게 찾아볼 수 있는 그의 사진들을 통해 알 수 있듯이 푸치니는 잘생긴 데다가 키도 컸다. 작품을 썼다 하면 대박인 오페라 작곡가가 외모까지 출중하니 여자가 많을 수밖에 없었고, 푸치니 본인도 다른 여성을 만나는 데 거리낌이 없었다. 푸치니의 아내 엘비라는 우울증에 시달렸고 질투심도 병적일 정도로 심할 수밖에 없었다. 푸치니의 수발을 들던 하녀 도리아를 의심해 행실 나쁜 여자로 소문내는 바람에 하녀가 결백을 호소하며 자살한 일까지 있었다. 이 일은 재판이 열릴 만큼 큰 사건이었으며, 재판 결과 엘비라에게는 오 개월 징역형이 확정되었고 푸치니는 자살한 도리아의 가족에게 합의금 만삼천 리라를 지급했다고 한다.

1903년, 푸치니는 그의 두 번째 차로 이동하던 중에 운전사 부주의로 전복 사고를 당하게 되었다. 동승했던 아내와 아들은 작은 부상에 그쳤으나 푸치니는 심한 다리 골절상을 입고 말았다. 육 개월간 침대에 누워 꼼짝달싹 못 했던 그는 그 이후에 지팡이를 의지해 다녀야 했고, 당시 쓰고 있던 오페라 〈나비 부인〉의 완성도 늦어졌다. 그런데 엎친 데 덮친 격으로 많은 자금과 충분한 연습 시간을 통해 성공을 확신하던 〈나비 부인〉의 초연(1904)이 완전한 참패로 끝나 버렸다. 당시 푸치니를 시기하는 사람들이 의도적으로 야유를 보내는 관객을 동원하기도 했지만, 기본적으로는 지휘자 토스카니니와 출판사가 충고했던 지루하고 긴 2막의 개정을 거부했던 이유가 더 컸다. 고속도로 같은 성공 가도를 달리던 푸치니에게 일어난 교통사고와 〈나비 부인〉의 실패는 교만하고 독선적으로 변하던 푸치니를 겸손하게 만들어 준 사건이었다. 초연 실패 후 푸치니는 주위의 충고를 받아들였고, 〈나비 부인〉은 석 달간의 개작 이후 재공연을 통해 공전의 히트를 쳤으며, 그는 재기에 성공했다.

푸치니는 엄청난 정력가였다. 자동차뿐 아니라 요트, 사냥, 도박, 여행 등 꽤 사치스러운 취미를 즐겼다. 세상을 뜨기 불과 이 년 전까지 자동차 유럽 일주를 계획하기도 했고, 암 수술을 받으러 브뤼셀로 가는 날 피사 공항까지 손수 운전할 정도로 차에 대한 애정이 남달랐다. SUV를 제작하는 값으로 삼만오천 리라나 쓴 것은 제정신이라고 할 수 없는 일이었다. 또한 엄청난 골초였고, 고급 거위 요리를 좋아했다. 가난 때문에 학비를 걱정하던 젊은 날을 생각하면 하늘과 땅만큼 달라진 인생이었다. 어려서 못 가지고 못 먹었던 한을 원 없이 푼 것이리라. 그래서 푸치니의 사생활에 인간적으로 연민을 느끼면서도 한편으론, 조금만 절제했더라면 완성된 〈투란도트〉를 들을 수 있지 않았을까, 푸치니는 〈투란도트〉의 3막을 작곡하던 중 사망하였다. 미완성 결말 부분은 푸치니의 제자 프랑코 알파노가 완성하여 오늘날 연주되고 있다 과속은 둘째 치고 담배라도 끊었더라면 더 많은 걸작을 남겨 주지 않았을

프랑스 자동차 클레망 바이야르(2.1L 직렬 4기통 16마력 엔진 탑재). 푸치니는 엄청난 정력가였다. 자동차뿐 아니라 요트, 사냥, 도박, 여행 등 꽤 사치스러운 취미를 즐겼다. 세상을 뜨기 불과 이 년 전까지 자동차 유럽 일주를 계획하기도 했고, 암 수술을 받으러 브뤼셀로 가는 날 피사 공항까지 손수 운전할 정도로 차에 대한 애정이 남달랐다.

까 하는 안타까움이 드는 건 어쩔 수 없다. 믿음, 소망, 사랑 그 중에 제일이 사랑이라는 고린도전서 13장 13절을 빗대 이렇게 말하고 싶다.

"이탈리아의 대작곡가 자코모 푸치니에게 음악적 영감을 주는 담배, 여자, 자동차 이 세 가지 예물은 언제나 함께했으니, 그중에 제일은 자동차니라."

오페라 속 카사노바의 꿈

PPL(Product PLacement, 간접광고)영화나 드라마 속에 소품으로 등장하는 상품을 일컫는 말로 브랜드명이 보이는 상품뿐만 아니라 이미지, 명칭 등을 노출해 관객들에게 홍보하는 일종의 광고마케팅 전략이다 이라는 용어는 십수 년 전까지만 해도 전문가들이나 아는 말이었다. 미디어 콘텐츠가 발달하고 몸집을 불리면서, TV 드라마나 영화는 점점 더 광고 수익을 필요로 하게 됐다. 그리고 이젠 더 나아가 이런 간접광고가 콘텐츠 안에 노골적으로 등장하는 것이 일상적인 시대가 되었다.

나는 원래 스타 마케팅을 이용한 제품들을 따라 쓴다거나 부러워하는 사람이 아니었다. 그러다가 언제부터인지 인기 드라마를 보며 그들이 쓰고 입고 먹고 즐기는 모든 것들에 조금씩 눈길을 주고 있다는 걸 깨닫고는 깜짝 놀랐다. 지난 몇 년 사이 생긴 '완판녀'나 '신상' 같은 말들이 모두 PPL이 만들어 낸 신조어다. 그런데 맘에 드는 작품에 등장하거나 좋아하는 배우가 사용하는 제품을 보면 갖고 싶어지는 것은 몇 백년 전 지구 반대편 유럽에서도 마찬가지였다.

볼프강 아마데우스 모차르트(1756-1791)의 오페라 중에는 엄청난 여성 편력을 자랑하는 스페인의 전설 '돈 주앙'을 그린 〈돈 조반니〉(1787)라는 작품이 있다. 〈돈 조반니〉에는 대본가 로렌초 다 폰테(1749-1838)가 사랑했던 와인과 세기의 바람둥이 카사노바(1725-1798)의 간접광고를 볼 수 있는 특별한 기회가 있다. 2막의 마지막 부분에 돈 조반니가 먹고 마시고 즐기다가 자신이 살해한 기사장 유령의 손에 붙들려 지옥불로 끌려가는 최후의 만찬 장면이 나오는데, 바로 거기에서 특정 포도 품종까지 자세히 노래하는 간접광고를 볼 수 있다. 돈 조반니가 하인 레포렐로에게 "와인을 부어라, 최고의 마르지미노!(Versa il vino, eccellente Marzimino!)"라며 와인의 이름을 외치는 PPL이다.

이 포도 품종은 이탈리아의 동북쪽 알프스와 인접한 트렌티노 지방의 남쪽에서 많이 재배되고 있지만, 현대 사회에서 상업적 성공은 좀 더 남쪽으로 내려와 베네치아를 품고 있는 베네토(Veneto) 지방의 작은 마을인 레프론톨로(Refrontolo)가 가져갔다. 그 이유는 첫째로 〈돈 조반니〉의 대본을 쓴 로렌초 다 폰테가 레프론톨로에서 가까운 마을에서 태어났다는 것을 홍보한 덕이고, 둘째로 1984년 도시가 직접 모차르트 및 다 폰테와의 관계를 더욱 견고하게 하기 위해 시청 앞 광장에 포도, 바이올린, 로렌초 다 폰테, 모차르트 그리고 목가적 젊은 여인이 조각된 기념비를 세워 자신들의 와인에 권위를 부여했기 때문이다.

와인의 이름을 오페라 속에 선보인 대본가 다 폰테는 유부녀와의 부적절한 관계 때문에 교회로부터 추방령을 받았다. 이런 그가 오페라 〈돈 조반니〉를 완성할 수 있도록, 바람둥이 카사노바는 왜 그를 도왔을까?

같은 도시 출신의 재능 있는 젊은이를 그저 사심 없이 도왔던 것일까? 다 폰테가 빈에 정착해서 대본 작가가 되고 〈돈 조반니〉를 쓸 때까지는 칠 년가량의 시간 차가 있다. 다 폰테는 〈돈 조반니〉 이전에 이미 〈피가로의 결혼〉이라는 걸작을 썼다. 그런데 카사노바는 유독 〈돈 조반니〉에만 관심이 있었다. 카사노바는 돈 조반니에게서 자신의 모습을 보았고, 그래서 하다못해 오페라에 자신의 무용담 하나라도 슬쩍 들어가길 바랐을 가능성이 크지 않을까? 작품 속에 자신의 흔적을 남겨 오래도록 전해지길 은근히 원하지 않았겠는가 말이다. 상당한 고증을 거쳐 제작된 카를로스 사우라 감독의 영화 〈돈 조반니(Io Don Giovanni)〉(2009)를 보면 다 폰테가 아리아 가사를 쓰는 과정에서 카사노바가 조언하는 장면이 나온다. 돈 조반니를 거쳐 간 여성들의 목록을 읊는 이 아리아[1]막에 나오는 돈 조반니의 하인 레포렐로의 아리아 'Madamina, il catalogo é questo'. 가사의 내용이 목록을 나열한다 하여 '카탈로그 아리아'라는 별명으로 불린다는 단연 오페라의 하이라이트인데, 카사노바는 스페인에서 정복한 여인의 수를 허풍스럽게 부풀려 1,003명으로 수정하도록 권한다. 바로 잿밥에 관심이 많은 카사노바를 묘사한 장면이다.

오페라를 넘어 영화와 케이블 TV가 들어서면서 오늘날 PPL은 누구나 쉽게, 어쩌면 지겹도록 접하고 있다. 광고의 목적은 어쨌든 홍보이기 때문에 짧은 시간 안에 최대한 많은 사람에게 노출되는 매체를 따라가기 마련이니, 오페라는 광고주들에게 크게 매력을 주지 못하고 있는 것이 사실이다. 그런데 2007년 빈 국립 오페라극장 공연에 한국의 휴대폰이 등장한 일이 있었다. 2007년 11월 〈어린이를 위한 니벨룽의 반지〉 공연에 S사의 오백만 화소

카메라폰 PPL이 있었다. 극 중에서의 비중이 작지 않아 휴대폰의 공식 명칭과 배역 설명이 오페라의 공식 브로슈어, 포스터 등의 캐스팅 리스트에 게재됐다. 비록 정식 오페라 공연이 아닌 어린이를 위한 오페라였지만, 상품에 고급 이미지를 입히는 데 어느 정도는 효과가 있었을 것이다. 누군가 물건을 만들고 누군가는 팔아야 하는 시대에 PPL은 매우 효과적인 마케팅 방법으로 지금껏 이어져 오고 있다.

PPL의 몸통은 문화 콘텐츠다. 악어가 없다면 악어새도 없듯 콘텐츠가 없다면 PPL도 존재할 수 없다. 그 옛날 오페라에서도 PPL이 행해졌던 것을 보면 문화 콘텐츠는 마치 다양한 애플리케이션을 통해 여러 형태의 비즈니스가 융합될 수 있도록 만들어진 우리의 스마트폰과 같은 역할을 해 온 것 같다. 이제 시대는 융합이라는 개념 아래 상상력과 문화 그리고 비즈니스가 결합한 4차 산업의 시대가 될 것이다. 따라서 우리도 너무 늦지 않게 준비해야 할 것이다.

피자의 고향 나폴리에서는
먹고 마시고 오페라를 보라

오늘날 연주되는 오페라 중 이탈리아어로 쓰인 작품은 그 수가 삼 분의 일을 넘고, 인기 작품으로 범위를 좁히면 이탈리아어 오페라의 비중은 훨씬 더 올라간다. 2009/10시즌부터 2013/14시즌까지 세계 공연 순위 50위 안에 이탈리아 오페라가 스물세 작품 올라 있고, 10위 안의 작품 중 여섯 개가 이탈리아어 오페라다. 그러니 오페라의 배경도 이탈리아인 경우가 많을 것 같은데 의외로 그렇지가 않다.

초기의 오페라들은 고대 그리스 신화를 배경으로 작곡되는 일이 많았다. 이 유행은 바로크 시대까지 지속되었고, 18세기 중반 하이든, 모차르트, 베토벤 등이 활동했던 이른바 고전주의 음악 시대에 와서야 오페라는 인간 세상으로 내려왔다. 이 시대의 대표적인 작곡가가 바로 모차르트인데, 공교롭게도 모차르트가 가장 좋아하고 재능 있던 장르는 오페라였고, 인간 세상으로 내려온 오페라는 모차르트라는 천재를 만나 여러 걸작으로 역사에 남게 된다. 그의 대표작들을 보면 〈피가로의 결혼〉(1786)과 〈돈 조반니〉(1787)는 스페인을 배경으로 하고 있고, 〈마술피리〉(1791)는 상상의 공간에서 벌어지는 판타지이며, 우여곡절이 많은 오페라 〈코시 판 투테〉(1790)는 이탈리아의 아름다운 항구 도시 나폴리를 배경으로 하고 있다.

세계 삼대 미항 중 하나인 나폴리는 아름다운 풍경 외에도 세계적이라 자부할 수 있는 것들을 가지고 있는데, 나폴리 피자, 나폴리 민요, 나폴리 양복 등이 그것이다. 피자의 원조라 할 수 있는 '나폴리 피자'는 이탈리아 사람들의 투표를 통해 그 제조법을 유네스코 문화유산에 등재 신청 중일 정도로 열혈 팬이 많다. 지름 삼십 센티미터 내외, 중앙 두께 삼 밀리미터의 손반죽 도우를 참나무 장작 화덕특히 베수비오 화산석으로 만든 화덕에서 요리된 것이 명품 피자라 한다에서 구워야 하며, 특정 치즈와 재료에 따라 세 가지만으로 규정되어 있다. 우리가 자주 먹는 두껍고 다양한 재료로 구성된 피자는 이탈리아와는 거리가 먼 뉴욕식 피자다.

나폴리 민요는 어떤 음악인지 쉽게 떠오르지 않는 사람들도 있을 것이다. 세계적으로 애창되고 있는 '오 나의 태양(O Sole mio)', '돌아오라 소렌토로(Torna a Surriento)', '산타루치아(Santa Lucia)', '푸니쿨리 푸니쿨라(Funiculi funicula)' 같은 노래들이 바로 나폴리 민요다. 이렇게 노래를 사랑하고, 유럽에서 가장 오래된 극장 중 하나인 산 카를로(San Carlo) 오페라극장이 있으며, 피치니, 치마로사 같은 여러 작곡가에 의해 코믹 오페라의 성지로 떠오른 음악의 도시 나폴리에서 전설의 테너 카루소(1873-1921) 같은 걸출한 아티스트가 나온 건 당연한 결과일 것이다.

이렇게 먹고 마시고 여행하기 좋은 나폴리를 배경으로 한 모차르트의 오페라 〈코시 판 투테〉는 두 명의 젊은 장교와 중년 신사의 유치한 내기로 시작한다. 유치한 내기란 여자들의 사랑이 얼마나 진실하고 굳은지

피자의 원조라 할 수 있는 '나폴리 피자'는 이탈리아 사람들의 투표를 통해 그 제조법을 유네스코 문화유산에 등재 신청 중일 정도로 열혈 팬이 많다.

시험하는 것이다. 자신의 연인을 추호도 의심치 않은 장교들은 내기를 수락하고 중년 신사의 계획에 따른다. 장교들은 전쟁터에 나간다는 거짓말로 연인들을 속이고, 이내 아랍인 같은 외국 사람으로 분장해 그녀들 앞에 나타난다. 그리고 상대를 바꿔 각자 친구의 여인을 유혹한다. 완강하던 여인들은 열렬한 애정 공세에 차츰 마음이 흔들리더니 결국 애인들을 전쟁터로 떠나보낸 지 만 하루도 채우지 못하고 그만 새로운 남자들에게 마음을 주고 만다. 남자들은 분노하고 자초지종을 안 여인들은 용서를 빈다. 줄거리만 들어서는 이게 과연 코믹 오페라인가 싶지만, 그런데도 오페라는 모든 진실이 드러나자 서로 용서하고 화해하자며 갑작스럽다 싶은 결말을 맺는다. 코믹 오페라이기에 무대에서 피바람을 일으키지 못하고 끝낼 수밖에 없었던 건지, 심각한 걸 싫어하는 모차르트의 성격 탓이었는지, "누구나 사랑을 시험하지 말라. 왜냐하면 인간은 연약하니까."라는 교훈을 주며 씁쓸한 해피엔딩으로 막을 내린다.

그런데 애인을 바꿔서 유혹한다는 소재가 이 오페라의 얄궂은 운명의 시작이었다. 음악적인 완벽함에도 불구하고 1790년 초연된 후 모차르트가 살아 있을 동안 단 열 차례 공연되었고, 1922년 미국 메트로폴리탄 오페라하우스 공연 전까지 백삼십 년 동안 명함도 못 내밀던 이유도 무대에서 공연하기엔 비도덕적이라는 이유에서였다. 최근 오페라 시즌을 통틀어 세계에서 가장 많이 공연되는 오페라 10위권을 유지하는 영광을 얻기까지 참으로 오랜 세월 저평가의 시간이 있었다.

한번은 청소년 대상으로 이 오페라를 공연할 기회가 있었는데 예매율이 무척 저조했다. 극장 측에서 이유를 알아본 결과, 부모님들이 〈여자

나폴리 산 카를로 오페라극장. 유럽에서 가장 오래된 극장 중 하나인 산 카를로 오페라 극장이 있으며, 피치니, 치마로사 같은 여러 작곡가에 의해 코믹 오페라의 성지로 떠오

른 음악의 도시 나폴리에서 전설의 테너 카루소 같은 걸출한 아티스트가 나온 건 당연한 결과일 것이다.

는 다 그래〉〈코시 판 투테〉의 한글 제목라는 제목만 보고 아이들이 보면 큰일 난다고 생각해 벌어진 웃지 못할 해프닝이었다. 거실에서 손가락만 까딱하면 볼 수 있는 TV의 선정성을 따진다면 이 오페라는 비교 불가인데 말이다. 이 일이 있고 난 후 오페라에 대한 이해를 높이기 위해 해야 할 일들이 산적해 있다는 것을 깨달았다. 관객들께는 제목이나 줄거리만 보고 전체 내용을 짐작하는 대신 직접 눈으로 보고 귀로 듣고 판단해 주기를 간절히 부탁하고 싶다.

죽음으로도 해결되지 않는
호세의 분노 조절 장애

어느 명문 사립학교에 연극배우를 꿈꾸던 모범 학생이 있었다. 꿈을 반대하는 아버지의 눈 밖에 나지 않으려고 늘 상위 성적을 유지하며 몰래 꿈을 키워 가던 그였지만, 기어코 아버지는 아들 입에서 다시는 연극을 하지 않겠다는 대답을 듣는다. 아들의 마지막 연극은 셰익스피어의 〈한여름 밤의 꿈〉(1594-1595). 그에게 연극은 한여름 밤의 꿈 같은 것이었을까. 그렇게 꿈에서 깬 아들은 그날 밤 아버지의 서재에서 아버지의 총으로 목숨을 끊는다.

배우 로빈 윌리엄스의 대표작으로 기억되는 영화 〈죽은 시인의 사회〉는 1989년 고교 시절 아마도 입시 스트레스 때문인지 크게 공감했던 영화로 기억에 남아 있다. 꿈을 빼앗긴 청년이 마지막 순간, '내가 사랑한 것을 당신이 빼앗아 간다면, 당신도 당신이 사랑한 것을 잃어 보세요.'라고 말하는 것 같았던 느낌이 지금도 생생하다. 예나 지금이나 과잉 경쟁과 부모의 과도한 기대가 여러 사람 잡는 것 같다. 나도 고등학교 3학년이 되어서야 음악을 시작했기에 부모님의 반대가 있었지만, 결국

하고 싶던 성악을 할 수 있어서 얼마나 다행인지 모르겠다.

적당한 예일지 모르겠지만, 어디서든 토끼를 볼 때면 아내가 종종 하는 이야기가 있다. 어릴 적 토끼 두 마리를 길렀는데, 어느 날 보니 특별한 이유 없이 자기들 성질에 못 이겨 모두 죽어 있더라는. 이게 무슨 비과학적인 이야기인가 했는데, 어느 날 하마가 스트레스를 받아 죽을 수도 있다는 이야기가 TV 동물 프로그램에 나오는 것이 아닌가. 스트레스를 해소하지 못해 죽어 버리는 동물이 있다니 놀라웠다. 요즘 언론 매체를 접하다 보면 결코 동물만의 일이 아닌 것 같지만 말이다.

근 몇 년간 뉴스에는 이전에 들어보지 못한 '분노 조절 장애'라는 용어가 유독 많이 나온다. 얼마 전까지만 해도 OECD 국가 중 자살률 1위 자리를 십 년 넘게 차지한 한국 사회가 이제 설상가상으로 사회 전체가 분노로 몸살을 앓고 있다. 보복 운전, 무차별 '묻지마 살인', 패륜 범죄, 실연 보복 범죄 등 할리우드 스릴러 영화에나 나올 법한 이야기가 뉴스를 통해 하루에도 몇 건씩 들려온다. 순간적인 분노를 다스리지 못해 결국 얼굴을 들지 못하는 범죄자가 되어 버린 그들. 변명의 내용은 대부분 '나를 무시하는 것 같아서', '기분 나쁘게 쳐다봐서', '너무 화가 나 순간 정신을 잃어서' 같은 비슷한 레퍼토리다. 심리학적으로 분석해야만 알 수 있는 복잡한 이유가 아니다. 단순한 이유인데도 우리는 적절한 치유 방법을 제대로 찾지 못하고 있다.

어릴 때부터 스트레스를 적절히 해소하는 방법을 배우지 못한 우리가 스스로 찾아낸 것 중 하나는 말초신경을 자극하는 원초적인 방법이다. 젊은이들은 클럽의 커다란 스피커 앞에서 춤을 추고 술을 마시며, 더 신나고 더 흥겨운 무언가를 찾아 밤늦게까지 길을 헤맨다. 영화는 살인을 대리 만족시켜 주듯 수백 명의 인간이 죽어 나가는 영상을 여과 없이 보여 준다. 그런데 하도 봤더니 이제 그마저도 별 감흥이 없다. 그래서 예술도 점점 강한 어조를 띄고 자극적인 내용을 다루게 되는 것 같다.

지금과 비교하면 애교 정도로 보이지만, 백사십여 년 전으로 거슬러 올라간 1875년 프랑스 파리에서는 좋아하던 여자에게 말도 못 걸 정도로 내성적이었던 천재 작곡가 비제(1838-1875)가 그의 성격으로 봐서는 말도 안 되는 작품을 발표한다. 자신이 좋아하던, 요즘으로 치면 유명 연예인인 '모가도르' 모로코의 난공불락 성이었던 모가도르에서 유래해 당시 셀레스트 베나르에게 붙여진 별명으로, 그녀가 운영하던 댄스극장에서 그녀와 춤을 추기 위해 많은 남성이 다툼을 벌였다는 일화가 있다. 그녀가 쓴 시에 비제가 곡을 붙여 만든 〈카르멘〉의 '하바네라가 유명 아리아로 남아 있다라는 별명을 가진 여인을 모델로 한 오페라 〈카르멘〉이었다.

오페라 〈카르멘〉은 담배 공장에서 일하는 집시 출신의 하층민 여인 카르멘과, 그녀에게 빠진 젊은 엘리트 군인 호세의, 요샛말로 막장 드라마다. 탈영까지 하면서 카르멘에게 충성했건만 결국 이용만 당하고 폐인이 된 호세에게 남은 건 사랑뿐인데, 그녀에게는 이미 잘나가는 투우사 애인이 있고, 그나마 군인이라 봐줄 만했던 호세는 이제 가진 것 하나 없이 초라하다. 카르멘의 선택은 물으나 마나였고, 결국 호세는 그렇게도 사랑하던 그녀를 칼로 찔러 죽인다. 그리고 외친다. "카르멘! 내 사랑!" 사랑해서 헤어진다는 말은 들어 봤어도 사랑해서 죽인다니! 그런데 섬뜩한 건 백사십여 년이 지난 한국에서도 비슷한 일들이 벌어지고 있다는 것이다.

무대 위에서 사람을 죽이며 사랑한다고 외치는 장면은 지금도 환영받지 못할 부적절한 것인데, 당시 사회에서라면 이런 오페라는 더더욱 가당치도 않았을 것이다. 〈카르멘〉의 초연은 관객들의 악평과 함께 엄청난 참패로 돌아갔다. 작곡가 비제는 충격과 스트레스로 초연 삼 개월 후 서른여섯의 젊은 나이에 심장마비로 세상을 떠나고 만다. 이런 비극적인 사연의 오페라가 현재 세계에서 가장 많이 공연되는 오페라 중 다섯 손가락에 꼽히는 작품이 되었으니, 〈카르멘〉을 향한 환호와 박수를 들을 길 없는 젊은 음악가의 운명이 참으로 안타깝다.

현대인은 각자가 과거 한 나라의 왕이나 접할 수 있었던 방대한 양의 정보를 매일 다루고 있다고 한다. 그리고 매우 빠른 변화를 감당해야 하는 스트레스도 견디며 살고 있다. 우리에게 또 하나의 숙제로 던져진 분노 조절 장애. 그렇다면 오늘 오페라 〈카르멘〉을 보면서 분노 조절이나 해 볼까? 어떻게? "저렇게 살진 말아야지……." 하면서.

패전국 러시아의 '쇼 비즈니스 성공신화'

대한제국 시절, 그러니까 우리나라 역사 중 조선과 대한민국 사이에 열강들의 침략에 대항했던 왕조의 역사가 있다. 1895년 10월, 대한제국에 커져 가는 친러 세력을 단번에 제압하기 위한 치밀한 계획 끝에 일본이 명성황후를 시해하는 사건이 발생한다. 그런데 이 일에 두려움을 느낀 고종(1852-1919) 황제가 러시아 대사관으로 피신하여 일 년간 머무르며 친일파를 몰아냄으로써 오히려 러시아의 영향력이 커지게 된다. 러시아 뒤에는 독일과 프랑스가 있었으니, 일본은 일단 대한제국에 관한 러·일 양국의 협정^{1898년 4월 일본에서 맺어진 로젠-니시 협정}으로 한발 물러서는 모양새를 취한다. 그런데 러시아는 대한제국보다 만주에 더 관심이 많았으며, 그런 이유로 영국과 미국에 눈엣가시였다.

협정은 오래가지 않았다. 1904년, 일본은 청나라의 뤼순항과 대한제국의 제물포에 정박해 있던 러시아 전함들을 폭발시키며 러일전쟁을 도발한다. 러시아 내부 상황이 극동 지역 만주와 조선 땅의 전쟁에까지 총력을 기울일 수 없다는 사실을 파악한 일본의 선제공격이었다. 전쟁은 초반 일본의 우세로 진행되다가 양측 모두에게 엄청난 피해를 입히고 일 년이 넘도록 이어졌다. 그리고 쓰시마에서 벌어진 최후 해전에서 일본이 승리함으로써 러시아는 대한제국에서 손을 떼게 된다. 중립국으로 불안한 자주권을 유지하고 있던 대한제국에 치욕의 일제강점기가 시작된 것이다.

러일전쟁에서 러시아가 열세를 면치 못했던 것은 국내 상황 탓이 컸다. 당시 러시아는 노동자들의 저임금 문제와 물가 상승, 거기에 기근까지 겹쳐 최악의 상황으로 치닫고 있었다. 그리고 러일전쟁이 일 년 가까이 지속되던 1905년 1월, 우유조차 살 수 없게 된 경제 파탄에 책임을 물으며 페테르부르크 궁전으로 향하던 군중을 향해 발포 명령이 떨어져 삼천 명 이상의 사상자를 낸 '피의 일요일' 사건이 발생한다. 이를 계기로 1906년에만 이천육백 건의 파업을 비롯한 농민 노동자 쟁의가 일어났다. 이 위기 속에서 황제 니콜라이 2세(1868-1918)가 국민을 달래기 위해 프랑스로부터 자금을 빌리면서 러시아와 프랑스의 문화 교류도 본격적으로 이루어지기 시작했다. 이 황금 같은 기회를 놓치지 않은 사람이 댜길레프(1872-1929)라는 러시아 공연 기획자였는데, 그는 1907년 파리에서 러시아 음악의 밤 시리즈를 시작으로, 이듬해인 1908년 당대 최고의 베이스 표도르 샬랴핀(1873-1938)을 주인공으로 앞세운 무소륵스키(1839-1881)의 오페라 〈보리스 고두노프〉(1874)를 성공시키면서 프랑스 문화 전반에 영향을 미치기 시작한다.

보리스 고두노프(1552-1605)는 16세기 말, 허약하고 통치 능력이 없었던 러시아 황제 표도르 1세(1557-1598) 곁에서 실질적인 권력을 가지고 섭정을 했고, 황제 사후 스스로 다음 황제가 된 실존 인물이다. 왕위를 이어받을 표도르 1세의 동생 드미트리 왕자가 일찍 사망하자 그 배후에 보리스 고두노프가 있다는 소문이 돌았고, 궁궐을 둘러싼 이러한 루머들을 문학으로 풀어낸 푸시킨의 소설 〈보리스 고두노프〉(1831)를 무소륵스키가 오페라로 만든 것이다.

마린스키 극장에서 네 번이나 퇴짜 맞은 끝에 힘겹게 올라간 이 오페라의 심의 내용은 지금 보면 억지스러울 정도인데, 여자 주인공이 없어서 퇴짜, 테너가 주인공이 아니라서 퇴짜, 너무 길고 지루해서 퇴짜 등등 여러 가지였다. 이런 트집 뒤에는 황제 가문의 불만이 있었다고 보는 견해가 많다. 황제 가문의 쿠데타가 무대에 올려져 광고되는 걸 바라지 않았을 테니까.

우여곡절 끝에 마침내 1874년 상트페테르부르크 왕립극장에서 이 오페라가 초연되었을 때 관객의 반응은 엇갈렸다. 젊은 관객들은 새롭고 파격적인 무소륵스키의 음악에 열광했지만, 비평가들은 냉담한 반응을 보였다. 그 뒤 정치적인 이유로 마지막 장면이 삭제되는 등 지속적인 수난을 겪던 이 오페라는 20세기에 들어서야 전 세계적으로 각광받기 시작했다. 이 작품이 대중적인 인기를 얻는 데 가장 큰 역할을 한 인물이 바로 이 오페라의 파리 입성 선봉장이었던 러시아의 전설적인 베이스 샬라핀이었다.

주인공 역을 맡았던 샬라핀의 훌륭한 노래도 화제가 됐지만 관객들에게 좀 더 어필했던 것은 실크에 금속과 보석으로 장식된 이국적인 대관식 의상이었다. 역시 패션의 본고장답다는 생각이 든다. 〈보리스 고두노프〉의

1908년 〈보리스 고두노프〉 의상 디자인. 보리스 고두노프는 16세기 말, 허약하고 통치 능력이 없었던 러시아 황제 표도르 1세 곁에서 실질적인 권력을 가지고 섭정을 했고, 황제 사후 스스로 다음 황제가 된 실존 인물이다.

성공을 발판 삼아 댜길레프는 《천일야화》를 소재로 한 발레 〈셰에라자드〉(1909)로 발레 뤼스(Ballet Russes, 러시아 발레단)의 첫 공연을 올리며 단번에 세계 최고의 공연 기획자로 명성을 날리게 된다.

림스키코르사코프(1844-1908)의 동양풍 음악도 당시 관객들에게 꽤 신선한 충격을 주었다고 전해진다. 또한 이번에도 관객들의 관심은 역시 무대 의상이었다. 이번엔 관심에 그치지 않고 실제 파리 패션에 영향을 주기까지 했다. 당시 프랑스의 패션왕이라 불리던 폴 푸아레에 의해 〈셰에라자드〉에 등장한 페르시아 스타일이 패션에 차용되기 시작했다. 이때부터 파리의 여인들은 《천일야화》에 나올 법한 터번과 파자마라는 바지를 입기 시작했다. 그때는 여인들에게 외출복으로 무척 사랑받았다고 하는데, 지금 우리가 잘 때 입는 헐렁한 파자마가 페르시아에서 시작되었다니 신기하기만 하다. 공연 기획자 댜길레프와 작곡가 림스키코르사코프가 없었다면 지금 우리는 밤에 무얼 입고 잘까, 하는 실없는 상상도 해 본다.

샤넬과 러시아 차도남

"카카야 크라시바야(Kakaya Krasivaya)." K항공사의 CF 중 세인트 피터즈버그(St. Petersburg, 상트페테르부르크) 편의 광고 문구다. "당신은 참 아름답군요."라는 뜻으로 러시아를 다닐 때는 아낌없이 쓰라고 말한다. 이 광고는 거리의 여인들이 모두 아름다운 발레리나처럼 보이는 이 도시에 "발레만으로도 러시아에 올 충분한 이유가 있다."라는 카피도 내세운다. 실제로 지금까지 러시아 발레는 세계 최고 수준을 자랑하는데 무용에 대해 잘 몰라도 러시아 발레단의 아름다운 남녀 무용수들을 보면, 마치 어릴 적 가지고 놀던 인형들을 보는 듯한 착각이 들고, 한 번쯤 〈백조의 호수〉(1877)를 보고 싶다는 생각도 든다. 그런 아름다운 도시 상트페테르부르크에서 세계적 작곡가 이고르 스트라빈스키(1882-1971)가 태어났다.

보통의 부모들이 그렇듯 자식의 성공을 바랐던 스트라빈스키의 부모는 그를 법학대학에 보냈다. 그러나 전공에 취미가 없던 그는 대학 기간 동안 총 열다섯 번 정도만 수업에 출석할 정도로 법 공부엔 관심이 없었다. 이런 스트라빈스키에게 음악적 재능이 있음을 알아차린, 당대 러시아 음악을 이끌던 림스키코르사코프는 스트라빈스키를 설득해 음대에서 개인 레슨을 받도록 했다. 그리고 스스로를 스트라빈스키의 제2의 아버지라 자청하며 죽기 전까지 스트라빈스키를 가르쳤다. 실제로 림스키코르사코프는 스트라빈스키 친부의 친구이기도 했다.

스트라빈스키의 인맥 가운데 또 한 명의 걸출한 인물이었던 세르게이 댜길레프는 러시아 발레를 프랑스에 소개하는 프로젝트를 진행하던 중 1909년 스트라빈스키의 작품 〈불새〉에 감동해 풀 버전으로 만들도록 지원을 아끼지 않았고, 결국 발레로 작품화해 1910년 초연(파리 가르니에 오페라하우스)을 올리게 된다. 또 곧바로 이듬해에는 광대들의 사랑과 비극을 다룬 〈페트르슈카〉(샤틀레 극장 초연)까지 공연한다.

이때까지만 해도 '러시아에서 날아온 특이한 음악가' 정도의 평을 받고 있던 스트라빈스키는 1913년에 큰일을 치르고야 만다. 함께 일하던 유명 발레 안무가 니진스키(1890-1950)와 파리의 샹젤리제 극장에서 〈봄의 제전(The Rite of Spring)〉을 선보여 세계 음악계를 둘로 나누는 초유의 논쟁을 불러일으키게 된 것이다. 실제로 공연을 보고 있던 관객 중에는 중간에 나가 버리거나 주먹다짐을 하며 싸우는 사람들까지 있었고, 2막 중간에는 경찰들이 출동해 싸움을 말렸다 하니 매우 보기 드문 상황이었을 것이다. 그러나 이 일로 주목받게 된 스트라빈스키가 이후 세계적인 작곡가의 반열에 들게 되니 당황스러운 이 해프닝은 결과적으로 그에게 좋은 일이 되었다.

한편, 이런 그를 눈여겨보던 여인이 있었는데, 바로 그 이름도 유명한 코코 샤넬(1883-1971)이었다. 그녀는 스트라빈스키가 볼셰비키 혁명(1917)과 제1차 세계대전(1914-1918)으로 인해 본국으로 돌아가지도 못하고 송금을 받을 수도 없는 어려움에 처하자, 그의 가족이 적당한 거처를 찾을 때까지 파리 외곽에 있는 자신의 별장에 머물도록 했고, 〈봄의 제전〉의 재 프로덕션에 삼십만 프랑이라는 거액을 무명 기부하기도 했다.

스트라빈스키에게 베푼 일련의 호의가 무엇 때문이었는지 샤넬은 1947년 자서전에서 그 이유를 밝혔는데, 사실 그녀와 스트라빈스키가 소위 말하는 그렇고 그런 사이였다는 것이다. 이에 대해 스트라빈스키의 두 번째 부인인 베라와 설전을 치렀다. 요즘 같았으면 샤넬은 허위 사실 유포 정도로 고소당할 수도 있지 않았을까? 샤넬 측의 일방적인 주장이었지만, 사실이야 어찌 되었든 호사가들 사이에서 떠돌던 이 이야기는 2002년 〈코코와 이고르(Coco & Igor)〉라는 소설로 발간되었고, 칠 년 뒤 영화로도 만들어졌을 정도로 흥미로운 스캔들이었다.

현재 이 두 사람 사이가 정말 어떤 사이였는지 객관적 자료는 남아 있지 않지만, 그렇다고 스트라빈스키가 한 여자만 아는 순정남은 아니었다. 그에게는 언제든 남편을 버리고 재혼할 준비가 되어 있던 무용수 출신의 유부녀 여자친구도 있었다. 그래도 그는 끝까지 이혼만은 하지 않았다. 결핵으로 오래 고생하던 첫째 부인이 죽고 나서야 이듬해 이십 년 가까이 그를 기다려온 베라 드 보세(당시 52세)를 두 번째 부인으로 맞아들였다.

도대체 이 가난한 유부남 음악가의 어떤 매력에 그녀들은 끌렸던 것일까? 그의 음악에서 느껴지는 불같은 야성미와 파격적 자유분방함과는 달리 가정을 끝까지 지키려 했던 책임감을 가진 남자라는 이중성이 그녀들을 홀렸는지도.

그의 음악도 원숙한 후반기에 들면서 바흐나 모차르트로 돌아가고자 하는 신고전주의 성향을 점차 강하게 띠게 되는데, 그 절정에서 오페라 〈난봉꾼의 행각(The Rake's Progress)〉(1951)이 탄생한다. 돈과 명예를 좇아 사랑하던 여인을 버리고 악마와 거래하는 어리석은 한 남자의 이야기로, 괴테의 〈파우스트〉(1808)와 비슷한 스토리를 통해 당시 물질 만능주의에 빠진 현대인들을 풍자하고 있다. 깊이 있는 내용과 더불어 음악적으로도 신고전주의란 무엇인가를 보여 주는 대작으로, 마치 스트라빈스키 자신의 이야기가 녹아 있는 것 같다.

예술이라는 공통의 사명으로 서로에게 끌렸던 러시아 차도남과 파리 세기의 여인. 한낱 뜬소문에 불과할 수도 있는 그들의 이야기는 아직도 끊임없이 우리의 상상력을 자극하고 있다.

프랑스의 용감한 예술 유전자

1913년 5월 29일 밤 파리의 샹젤리제 극장에서 발레 뤼스의 신작 발레가 첫선을 보였다. 한 시간도 지나지 않아 공연장은 아수라장이 되었고, 이 발레는 공연 역사상 가장 유명한 스캔들로 기억되었다. 러시아의 신성 스트라빈스키가 음악을 맡고, 당대 최고의 남자 무용수 니진스키가 안무를 한 발레 〈봄의 제전〉 이야기다.

〈봄의 제전〉이 보여 준 원시적 리듬과 화성은 이전에는 듣도 보도 못한 새로운 것이었고, 안무 또한 당시로써는 경악할 만한 것으로 지금 봐도 한 편의 좀비 영화를 방불케 했다. 에어컨도 없던 시절, 후덥지근한 공연장에서 어느 순간 관객들이 정신을 차렸을 때 그들은 서로 멱살을 잡고 있었으니, 의도된 상황이 아니었겠지만 최고의 노이즈 마케팅이었다. "관객을 지옥으로 던져 넣는 것이 목적이었다면 이날 공연은 성공이었다."라는 평에 걸맞게 마치 지옥에서 솟아오른 것 같은 음악이지만, 그림으로 치자면 그동안 접하기 쉽지 않았던 추상화이자 유화 같은 느낌이었겠구나 하는 생각이 든다.

사실 그는 러시아 민속 음악이라는 기본 밑그림 위에 현대적인 불협화음과 긴장을 일으키는 리듬을 의도적으로 채색했다. 스트라빈스키는 나름 일관성 있게 작곡했기에 남들은 도저히 이해 못 할 불협화음을 오케스트라 단원들 앞이나 무용수들 앞에서 백 번이라도 똑같이 피아노로 연주할 수 있었다. 이런 스트라빈스키의 작곡 기법은 사십 년 가까운 세월이 흐른 후 마치 다른 사람의 작품처럼 느껴지는 그의 오페라 〈난봉꾼의 행각〉에서도 발견할 수 있는데, 〈봄의 제전〉과는 거리가 멀게 들리는 이 신고전주의 기법의 오페라도 역시 바로크나 고전 화성에 그만의 색깔을 입히는 식으로 작곡을 해 나갔던 것이다.

스트라빈스키 인생에 있어서 신고전주의 스타일의 시작은 그의 발레곡 〈풀치넬라〉(1920 초연)부터 어린아이도 구별할 수 있을 정도로 뚜렷이 나타난다. 세상을 발칵 뒤집어 놓은 음악으로 판도를 바꿀 것처럼 호언장담하던 작곡가가 고작 칠 년 후에 작곡한 것이라고 도저히 볼 수 없는, 바로크와 고전의 흔적이 강하게 느껴지는 음악이었다. 한 작곡가가 십 년도 안 되어 스타일을 극에서 극으로 바꾼 이 특이한 사건의 발단은 발레 뤼스(1909-1929)의 단장이자 기획자였던 댜길레프가 스트라빈스키에게 던져 준 미션, 즉 18세기 음악을 가지고 광대 이야기를 만들어 보자는 제안이었다. 스트라빈스키는 다른 작곡가의 작품을, 게다가 구닥다리라고 생각해 온 18세기 음악을 편곡해 달라는 말에 무척 자존심 상했다고 한다. 하지만 당시 재정이 어려웠던 그는 의뢰를 받아들여 편곡 작업에 착수했고, 그 과정에서 고전 음악에 경외심을 갖게 되어 바로크와 고전 음악을 깊이 연구하게 되었다. 독창적이었으나 바로크나

고전 음악이 갖는 완벽한 음악적 구조에 대한 이해가 없었던 자신을 인지하고 고전 음악의 기법을 받아들인 것이었다.

〈풀치넬라〉를 들어보면 거의 페르골레시나 헨델, 바흐의 음악과 같은 바로크 시대의 음악처럼 들린다. 거기에다 발레 음악으로는 이례적으로 소프라노, 테너, 베이스 3인의 독창들과 중창들이 들어 있다. 음악만 떼어 내 연주해도 훌륭한 오페라나 칸타타를 듣는 것 같은 착각이 들 정도다. 이런 이유로 지금은 콘서트 무대에서 안무와는 별도로 독립적으로 연주되는 레퍼토리가 되었다. 고전적 음향과 달리, 의상은 피카소(1881-1973)가 맡음으로 현대적 감각을 가미했다는 점도 흥미롭다. 〈풀치넬라〉 이후 이십 년간 스트라빈스키의 신고전주의 작법은 그의 유일한 다(多)막 오페라 〈난봉꾼의 행각〉으로 정점에 이른다. 이 오페라는 과거 바로크 음악의 완벽한 구조와 20세기 스트라빈스키의 현대적 화성이 완벽한 일체를 이루었기에 부르고 듣는 사람들에게 묘한 중독성을 주는 작품이 되었다.

발레 뤼스는 스트라빈스키뿐 아니라 당대 수많은 유명 작곡가들과의 협업으로 실험적이고 수준 높은 작품들을 쏟아 냈다. 함께 일했던 작곡가 중에는 프랑스의 라벨(1875-1937)과 에릭 사티(1866-1925)도 있었고, 발레 뤼스와 이들의 작업 계보는 다음 세대 작곡가 프랑시스 풀랑크(1899-1963)의 성장을 이끌었다.

풀랑크는 발레 〈암사슴(Les Biches)〉(1924)의 음악을 담당했고, 프랑스 혁명을 배경으로 한 오페라 〈수녀원의 이야기(Dialogue des Carmelites)〉(1957)를 크게 성공시킨 후, 장 콕토(1889-1963)의 단막 모노드라마를 오페라로 옮긴 〈사람 목소리(La voix humaine)〉(1959)를 통해 인간의 속 깊은 내면의 이야기를 꺼낸다. 이 오페라는 한 중년 여성이 이미 헤어진, 게다가 내일 결혼할 옛 남자친구에게 전화하면서 자살을 시도한다는 장 콕토의 1930년 작 연극을 오페라로 재탄생시킨 작품이다.

이탈리아 악보 출판사 리코르디의 프랑스 지부장 어비 뒤가르뎅의 권유로 시작된 이 작업에 출판사는 스타 소프라노 마리아 칼라스를 추천했으나, 풀랑크는 전작 오페라의 주인공 소프라노 드니스 뒤발을 캐스팅하여, 실제 그녀의 질풍노도와 같은 개인 연애사와 신경 안정제, 수면제 같은 소재도 작품에 녹아들도록 만들어 갔다. 장 콕토의 대본에서 시간 흐름에 따른 사건 전개는 그대로 두고 정신 질환과 민감할 수 있는 사회 문제에 관련된 부분을 대폭 축소하여 남녀 사이의 애정 문제에 집중하도록 각색했다.

그러나 생각해 보면 수면제 먹고 자살하는 중년 여성의 일인극을 누가 좋아할까? 참 대담하고 용감한 도전이었다는 생각이 든다. 무대는 항상 청중이 좋아하는 이야기를 따르기 마련인데, 거기에 아랑곳하지 않고 소신대로 밀어붙일 수 있었던 그들의 용기가 멋지고 부럽기만 하다.

스트라빈스키는 나름 일관성 있게 작곡했기에 남들은 도저히 이해 못 할 불협화음을 오케스트라 단원들 앞이나 무용수들 앞에서 백 번이라도 똑같이 피아노로 연주할 수 있었다.

007 제임스 본드의 조상

1995년 유네스코 총회는 4월 23일을 '세계 책의 날' 정식 명칭은 '책과 저작권의 날(World Book and Copyright Day)'이다로 정했다. 특별히 4월 23일을 고른 이유는 이날이 영국이 낳은 세계 최고의 극작가 윌리엄 셰익스피어(1564-1616)의 기일이라는 사실 때문인데, 왜 굳이 탄생일이 아닌 사망일을 기념일로 정했을까?

이날은 공식적인 책의 날로 정해지기 전부터 책과 관련이 깊은 날로, 1923년 스페인 카탈루냐 지방의 책 상인들이 4월 23일에 자국의 국민 작가를 기념하는 이벤트를 열기 시작했다고 한다. 그 국민 작가가 4월 23일에 삶을 마감한 미겔 데 세르반테스(1547-1616)다. 원래 4월 23일은 축제일인 '세인트 조지의 날(St. George's Day)'이기도 해서 사랑하는 사람끼리 장미를 나누는 일종의 밸런타인데이 같은 날이었다. 이 이벤트를 기점으로 1929년부터는 세르반테스를 기념하는 날이 되었고, 이후 같은 날 사망한 영국의 국민 극작가와 스페인의 국민 작가 두 사람의 업적을 기리는 의미로 '세계 책의 날'로 정해진 것이다.

그런데 세르반테스의 삶은 그다지 순탄하지 못했다. 군인 신분으로 보낸 십 년 동안 전쟁 중에 손을 쓰지 못하게 됐고 노예로 잡혀가 갖은 고초도 겪었기 때문이다. 그의 대표작 〈돈키호테〉(1605)는 나이 오십을 훌쩍 넘기고 발표되었는데, 〈돈키호테〉가 발표되기 전까지 세르반테스는 별 볼 일 없는 말단직을 전전하며 가난에서 벗어나지 못했다. 반면 셰익스피어는 배우, 극작가, 극장주 등 일인 다역으로 종횡무진하며 성공 가도를 달렸는데, 셰익스피어의 생애 중 그 어디서도 그에 관한 기록을 찾을 수 없는 행방불명의 시기가 있었다. 1586년부터 1592년까지 셰익스피어의 삶이 어떠했는지 우리는 알 수 없다는 것이다. 과연 그는 어디에 있었을까? 그러던 중 1592년 그의 기록이 갑자기 등장한 곳은 런던의 중앙 무대였다. 대학도 안 나온 셰익스피어가 배우에 극작가에 극장 운영까지 하고 있는 사태를 비꼬는 평론에서 말이다.^{같은 시기에 활동했던 극작가 로버트 그린(1558경-1592)이 셰익스피어가 대학도 마치지 못한 학력으로 인해 품격이 떨어지는 연극을 양산하고 있다고 비난했다.} 셰익스피어가 어떤 교육을 받았고 극장주가 되기까지의 어떤 경력을 밟아 왔는지에 대한 기록들은 어디로 사라진 것일까? 그는 어떻게 그 자리까지 갈 수 있었던 것일까? 이 기묘한 육 년여의 시간 때문에 셰익스피어는 오늘날까지도 그 정체에 관해 여러 가지 음모론이 난무하는 인물이 되었다.

음모론의 대부분은 셰익스피어란 이름으로 정체를 위장한 여러 사람에 관한 이야기인데, 그중 가장 흥미로운 것이 '셰익스피어 스파이 설'이다. 요즘으로 말하자면 셰익스피어가 영국 정보부(MI6) 소속 요원으로 스페인 주재 영국 대사관의 스파이였다는 주장이다. 이런 주장은 스파이였던 셰익스피어가 스페인에서 세르반테스를 만났다는 상상력까지 덧붙여 영화로도 만들어졌다. ⟨Miguel & William⟩ (2007) Inés París 감독, Antonio Sauro 제작.
"그 시대에 무슨 스파이?"라고 할 사람들도 있겠지만, 일단 당대 영국은 온 유럽 국가들과 교황청에서 볼 때 참으로 불경스러운 이단 국가였다. 한 나라의 왕이 고작 이혼을 합법화하려는 목적으로 천주교를 버리고 국교를 개신교로 바꿔 버린 말도 안 되는 행태를 벌였던 것이다. 그런데 그 문제의 왕 헨리 8세가 죽고, 우여곡절 끝에 왕위를 이어받은 엘리자베스 여왕도 아버지의 뜻을 따라 영국 성공회1534년 로마 가톨릭으로부터 분리해 나간 영국 국교회의 전통과 교리를 따르는 교회를 총칭하는 말를 고집하는 바람에 '암살 대상 영순위'가 되어 버렸다.

이런 영국을 못마땅히 여기는 세력 중에 으뜸이 스페인 왕 필리포 2세였는데, 종교 문제도 문제거니와 양국 간 식민지 개척 다툼도 치열했기 때문이다. 그러던 1587년, 엘리자베스 1세의 명을 받은 해상 전투의 황제 프랜시스 드레이크 함장이 스페인의 카디스 항을 기습해 서른여섯 시간 만에 수천 톤에 달하는 선적 화물과 보급품을 파괴하는 작전이 펼쳐진다. 파괴된 물품들은 모두 영국 침략을 위한 스페인 무적함대의 물자였고, 이로 인해 함대의 출항이 일 년 미뤄져 유리해진 영국이 이듬해 스페인의 무적함대를 무찌르는 결과를 가져오게 된다.

엘리자베스 1세는 무적함대가 영국을 치려 한다는 사실을 어떻게 알았을까? 누가 그런 극비 정보를 영국으로 가져왔을까? 단순히 우연일 수도 있지만, 해상 무역권을 차지한 영국이 안정되기 시작한 후 셰익스피어의 행방불명은 끝나고 불멸의 명작들이 탄생하기 시작했다는 사실이 꽤

미심쩍다. 가장 대중적인 〈로미오와 줄리엣〉(1597)을 시작으로 〈베니스의 상인〉(1596-1598), 4대 비극(1601-1606경), 〈템페스트〉(1610-1611) 같은 연극계의 블록버스터들이 봇물처럼 터졌다.

셰익스피어 문학의 영향력은 18세기 독일의 대문호 괴테마저도 엄청난 콤플렉스에 빠지게 했다고 전해질 정도였으니 그 영향력을 짐작게 한다. 괴테의 친구가 〈파우스트〉는 〈햄릿〉에 비하면 영혼이 없다는 말을 했다고 한다. 그런데 이런 셰익스피어가 유독 스페인의 세르반테스라는 인물에 열등감을 가지고 있었다는 이야기가 있다. '뛰는 놈 위에 나는 놈'이라는 속담이 떠오르는데, 혹시 정말로 스파이였던 셰익스피어가 세르반테스를 만나 잠재되어 있던 창작력에 눈을 뜬 것은 아닐까? 영국에서의 성공적인 커리어는 은퇴한 최고 스파이에 대한 보상이 아니었을까? 그러고 보니 "국가를 넘겨줄지라도 셰익스피어는 넘기지 않겠다."라는 엘리자베스 1세의 말도 심상찮게 들린다. 그럴 수도 있다는 생각이 드는 것이, 연극계에서 잔뼈가 굵었던 셰익스피어에게 스파이 연기란 식은 죽 먹기였을 테니까 말이다.

도민준이 만난 허준 그리고 셰익스피어

2013년 〈별에서 온 그대〉라는 드라마가 새로운 사회 현상을 만들 정도로 큰 화제가 되었다. 우리나라에서의 인기도 높았지만, 특히 중국에서 엄청난 인기와 부대 수익을 얻었다. 중국의 어느 기업에서는 직원 이백사십 명 중 팔십 명가량이 이 드라마의 마지막 본방송을 보려고 휴가를 냈다고 해서 '도민준 교수 휴일'이 화제가 됐고, 드라마에 등장하는 옷과 액세서리는 물론 주인공들이 먹고 마시는 음식까지 엄청난 유행이 됐으며, 더 나아가 드라마에 등장하지 않은 유사 한국 제품까지 동나는 '별그대 열풍'이 있었다.

오래전 일본을 들썩이게 했던 '욘사마 신드롬'을 연상케 하는 '도민준 신드롬'으로 한동안 중국과 한국은 떠들썩했다. 당시엔 나 역시 이참에 중국 진출을 한번 시도해 볼까 하는 상상의 나래까지 펼치며 흥미롭게 지켜봤던 기억도 떠오른다. 문화의 힘이 정말 대단하다는 걸 느끼면서 말이다.

〈별에서 온 그대〉처럼 엄청난 인기와 파급력을 보여 주는 작품을 접할 때면, 오페라 연출가로서의 직업병인지 인기의 선봉장이 되는 출연진들보다 그것을 만든 제작진 이름으로 먼저 눈이 갔었다. 그들이 어떤 배경을 가지고 어떤 경력을 쌓아 왔는지 늘 궁금했다. 영국에서 성악가의 경력을 내던지고 한국으로 돌아왔던 이유가 얼떨결에 시작했던 오페라 연출의 매력에 완전히 빠졌기 때문이었기에, 창작이라는 작업이 주는 묘한 쾌감을 잘 알고 있고 창작을 하는 사람들에 대한 경외심도 가지고 있었기 때문이랄까?

세상에 쉬운 일이 어디 하나 있겠느냐마는 무에서 유를 창조하는 능력은 아무나 타고나는 것이 아닐 것이다. 영국이 '해리포터' 하나로 벌어들인 금액이 우리나라가 자동차를 팔아 번 금액보다 훨씬 많은 지금, 콘텐츠가 세상을 지배하는 시대가 되었다고 말할 수 있다. 그런데 이런 혁신적인 콘텐츠는 만드는 이의 교육 수준과 비례해 탄생하지는 않는다는 특징이 있다. 훌륭한 창작자가 되기 위해 먼저 우등생이 될 필요는 없다는 이야기다. 때때로 갑자기 하늘에서 뚝 떨어지듯 이런 일들이 벌어지곤 하는데, 이런 기회를 잘 잡아 국운을 바꾸어 놓은 좋은 예를 영국에서 볼 수 있다.

상업의 발달로 부가 쌓이고 르네상스라는 문화혁명의 혜택이 유럽을 휩쓸 때, 영국은 이런 흐름에서 약간 벗어난 변두리에 있었다. 강대국으로서의 위상을 갖게 된 것은 엘리자베스 1세 시절부터라고 할 수 있다. 그리고 그 시대의 고양된 민족 정서, 경제성장과 문예부흥의 중심에 극작가 셰익스피어가 있었다. 그는 쉽게 비유해서 고졸 출신으로 옥스퍼드와 케임브리지 출신 작가들의 틈바구니에서 성공한 사람이었다.

그냥 성공 정도가 아니라, 한 나라의 왕이 나라를 줄지언정 그는 못 준다고 할 정도였고, 사후 사백 년이 지난 지금도 지구 반대편의 한국에서마저 친숙한 이름일 정도가 되었다.

그렇다면 셰익스피어 시대 우리 땅에는 어떤 사람들이 있었을까? 성리학을 조선에 구축한 율곡 이이(1536-1584), 〈관동별곡〉과 〈사미인곡〉을 지은 정철(1536-1593), 《동의보감》의 허준(1539-1615), 〈홍길동전〉으로 유명한 허균(1569-1618) 같은 문인들은 물론이고, 권율(1537-1599)과 이순신(1545-1598) 장군도 셰익스피어 시대에 우리 땅에 살았다. 그런데 좀처럼 연결해 본 일 없는 인물들이 같은 시대 한 하늘 아래 살았다고 생각하니 엉뚱한 상상도 하게 된다. 1614년 '별에서 온 도민준'이 지구에 와서 허준 그리고 허균 선생을 만났으니, 조선 땅에 오기 전 영국에 들러 셰익스피어 선생도 만나고 오지 않았을까 하는 그런 상상 말이다.

셰익스피어의 명작들은 그의 천재성이 빚어낸 인류의 보물이다. 그리고 셰익스피어의 무대는 엘리자베스 1세라는 천군만마에 의해 많은 지원을 받았다. 셰익스피어의 작품들이 지금까지도 만국의 언어로 번역되어 읽히고 공연되는 것에는 분명 엘리자베스 1세, 즉 국가의 도움도 한몫했다는 것은 부정할 수 없는 사실이다. 오죽하면 셰익스피어가 엘리자베스 1세의 사생아라는 주장까지 나왔겠는가? 그러니 한 번 더 상상해 보자. 2416년 런던 중심에서 오페라 〈별에서 온 그대〉가 공연되는 모습을. 뮤지컬이어도 좋고 대본만 읽힌대도 좋다. 어느 날 하늘에서 뚝 떨어진 것 같은 창의적이고 특별한 작품들을 팍팍 밀어주는 대한민국, 그래서 세계의 문화 강대국이 된 대한민국을 상상하니 도민준 교수처럼 사백 년을 뛰어넘어 확인할 수 없음이 그저 애통할 뿐.

중국에 빼앗긴 오페라 속 한국

헨델(1685-1759)이라는 이름을 들으면 열에 아홉은 '할렐루야'를 떠올릴 것이다. '할렐루야'는 헨델의 오라토리오 〈메시아〉(1742)에 속해 있다. 오라토리오란 쉽게 말해 연기 없는 종교 오페라, 즉 종교와 관련된 극을 노래로 이끌어 가는 것이다. 그러므로 '할렐루야'는 일종의 오페라 합창곡이라고 할 수 있다.

헨델은 당대에도 성공한 작곡가였고, 사랑과 존경을 받는 작곡가였다. '울게 하소서' 오페라 〈리날도〉 2막 중 알레미나의 아리아 'Lascia ch'io pianga'와 같은 아리아는 듣는 이의 마음을 단번에 사로잡을 만큼 대중적인 매력이 있다. 그리고 '울게 하소서'만큼은 알려지진 않았으나, 이에 뒤지지 않게 아름다운 '사랑스러운 나무 그늘이여(Ombra mai fu)' 라는 명곡이 있다. 이 곡은 오페라 〈크세르크세스(Xerxes)〉에 등장하는 주인공 크세르크세스 황제가 천천히 정원을 거닐며 부르는 노래다. 느리게 부른다 해서 곡의 별명이 '느리다'는 악상 기호인 '라르고(Largo)'일 정도로 평안한 노래다.

이 낯선 이름의 황제는 2006년 영화 〈300〉에서 강한 존재감으로 우리에게 다가왔다. 크세르크세스 황제는 극 중 스파르타의 왕 레오니다스와 마주치는 장면에서 스킨헤드와 피어싱으로 온몸을 도배하다시피 한 기이한 모습으로 강렬한 첫인상을 남겼다. 바빌론 제국을 정복하고 노예처럼 대우받던 유대인들을 해방시킬 정도로 자비로웠지만, 한편으로는 그리스 정복 전쟁을 두 번이나 일으킨 페르시아의 왕 크세르크세스. 영화는 비현실적인 복근을 자랑하는 삼백 명의 스파르타 전사들과 페르시아 황제 크세르크세스가 이끄는 백만 대군의 테르모필레 협곡 전투를 소재로 하고 있다. 현실에서는 정말 저 삼백 명만 싸운 것은 아니고 스파르타인 외 천 명과 수백 명 정도가 전투가 진행됨에 따라 더 투입됐었다. 그러나 모두 다 합쳐도 백만 대군을 상대하기란 달걀로 바위 치기였을 것이다. 테르모필레 전투는 페르시아의 승리로 돌아갔으나, 곧이어 벌어진 살라미스 해전에서 패함으로 페르시아의 그리스 침략은 종식되었다. 테르모필레 협곡 전투는 훈련, 장비, 지형의 이점을 살려 수적 열세를 극복하려 한 사례로 꼽히며, 또한 압도적인 적에 맞서는 용기의 상징이 되었다.

그런데 이런 페르시아의 역사를 알아보다가 흥미로운 이야기를 하나 발견했다. 〈쿠쉬나메〉 11세기 이란의 이란샤 이븐 압달 하이르에 의해 수집되고 쓰인 고대 이란 왕조 페르시아에 관한 신화와 설화 그리고 역사 이야기라는 역사 서사시에 페르시아의 왕자 아비틴이 나라를 잃고 망명하는 이야기가 나오는데, 망명한 나라 이름이 '실라'(또는 바실라)라고 묘사되어 있는 것이다. 실라로 망명한 아비틴은 그곳에서 벌어진 전쟁에서 큰 공을 세워 귀한 신분이 된다. 실라의 공주 '프라랑'은 아름다운 외모와 지혜를 겸비한 여인으로 소문이 자자했고, 아비틴은 그녀와의 결혼을 허락받으려 한다. 그러나 실라의 왕은 딸을 이방인에게 내줄 마음이 없기에 어려운 수수께끼를 결혼의 조건으로 내건다. 하지만 이를 지혜롭게 풀어낸 아비틴은 결국 공주와 결혼한다. 왕자는 프라랑 공주와 함께 자신의 나라로 돌아오고, 두 사람 사이에 태어난 '파리둔'이 후일 사라센 제국의 왕을 물리치고 페르시아의 영웅이 된다.

아비틴의 이야기는 우리나라 역사와 연관되어 보이는 '실라'라는 지명 때문에 관심이 가기도 했지만, 아주 유사한 이야기를 오페라에서도 찾을 수 있었기에 더욱 흥미로웠다. 바로 푸치니의 유작 〈투란도트〉(1924)다. 오페라 〈투란도트〉는 베네치아 작가 카를로 고치(1720-1806)의 우화를 실러가 각색한 희곡 〈투란도트, 중국의 공주〉(1801)를 바탕으로 작곡됐는데, 카를로 고치의 우화(1762)는 《천일야화》에 실린 페르시아 공주 '투란도흐트(Turandokht)' 이야기에 바탕을 두고 있었다. 티무르 제국이 멸망하여 중국으로 망명한 칼라프 왕자가 투란도트 공주와 결혼하기 위해 세 개의 수수께끼를 푼다는 내용은, 실라로 망명해 프라랑과 결혼하는 아비틴의 이야기와 놀라울 만큼 닮았다. 어쩌면 신라로 망명했던 페르시아 왕자의 이야기가 오랜 시간 전해지며 조금씩 바뀌어 소설이 된 건 아닐까 하는 상상을 자연스럽게 하게 된다.

고구려 광개토대왕과 장수왕 시대에 우리의 영토는 요동과 만주에 이르렀고, 지금과는 전혀 다른 북진 정책과 영토 확장을 당연히 여겼었다. 고구려를 계승한 고려 역시 지금의 두만강 압록강 이북의 중국 영토를 항시 견제하고 지배하려 했었다. 티무르 제국의 땅 우즈베키스탄의 고도 사마르칸트에 가면 고구려 사절단의 모습이 담긴 벽화도 남아있다. 우즈베키스탄 언어는 우랄 알타이어계다. 카자흐스탄, 중국의 신장 위구르 모두 같은 계통이며, 간단한 생활 언어는 서로 통한다. 터키에서부터 몽골, 한국, 일본까지 연결된 지역에 돌궐, 흉노, 부여 등 한때는 같은 민족이었던 사람들이 지배했던 것이다. 적어도 중국 동부 지방까지 진출했던 우리 한민족이 17세기 청나라의 계속된 침입을 시작으로 병자호란(1636)을 거쳐, 외세 열강들이 들어온 19세기에 급격히 힘을 잃어 한반도로 몰리지 않았다면, 이탈리아의 오페라 작곡가 푸치니는 강성했던 신라나 조선을 배경으로 공주 이름을 딴 오페라 〈프라랑〉을 만들지 않았을까?

만약이라는 가정이지만, 그랬다면 지금 페르시아 왕자 아비틴이 부르는 '공주는 잠 못 이루고(Nessun Dorma)'를 듣고 있지 않을까 하는, 조금은 아쉬운 입맛을 다셔 본다.

핵폭탄이 뒤흔든 나가사키에는
짬뽕 말고도 푸치니의 여인이 있다

1945년 8월, 미국은 히로시마와 나가사키에 두 개의 원자폭탄을 투하했다. 그 즉시 일본은 미국에 항복하고 동아시아에서의 제2차 세계대전은 막을 내렸다. 지금 히로시마 한복판에는 '평화공원'이 있는데, 그곳에 일본어뿐 아니라 한글 및 전 세계의 언어로 '평화'라는 글자를 새겨 놓은 거대한 조형물들이 있다. 그곳에 있노라면 전쟁의 허무함과 그로 인해 죽어 간 많은 영혼에 대해 생각하게 된다. 그런데 이 사건보다 먼저 오페라 작품을 통해 미국과 일본의 갈등을 은유적으로 예언한 작곡가가 있었으니, 바로 오페라 〈나비 부인〉(1904)의 작곡가 푸치니다. 오페라 〈나비 부인〉의 배경이 된 곳은 원자폭탄 투하 도시 중 하나인 '나가사키'다. 바로 옆 나라의 도시임에도 나가사키에 관한 것이라고는 고작 도시 이름을 딴 카스텔라와 짬뽕을 아는 정도다. 푸치니의 오페라와 원자폭탄 투하 사건은 사십 년 이상의 시간 차를 두고 있지만, 오페라를 볼 때마다 역사의 비장한 결말이 겹쳐진다.

1900년대 나가사키 항에 얼마간 머무르게 된 미 해군 장교가 결혼 브로

커를 통해 집과 열다섯 살의 어린 일본인 아내를 거래하는 장면으로 시작되는 이 오페라는 두 사람의 사랑을 짧고 강렬하게 묘사한 뒤, 내내 어둡고 불길한 분위기로 치닫는다. 막이 바뀌면 어린 일본인 아내 나비 부인은 떠난 남편을 하염없이 기다리지만, 그렇게 기다렸던 남편은 본국에서 맞은 부인과 함께 나타나 아이만 데려간다. 남편의 사랑에 한 치의 의심도 없던 나비 부인이 스스로 목숨을 끊으며 오페라는 막을 내린다. 나비 부인의 마지막은 가련하고 애처로워 마치 원자폭탄이 투하된 나가사키의 모습처럼 허망하다.

1904년 2월 27일 밀라노의 스칼라 극장에서 초연된 오페라 〈나비 부인〉은 슬픔의 카타르시스를 예상했던 푸치니의 예상과는 달리 참담한 결과를 맞이해야 했다. 관객들의 엄청난 야유를 받으며 막을 내린 것이다. 초연에는 좀처럼 가족과 친지를 초대하지 않던 푸치니가 무슨 바람이 불었는지 하필 이날 가족 모임을 극장에서 하게 되었다. 가족들이 보는 앞에서 관객들의 엄청난 야유를 받은 그는 자존심에 큰 상처를 입었다. 게다가 교통사고 후유증으로 다리를 절며 지팡이까지 짚고 있었으니, 드문드문 나오는 박수와 "라 보엠과 다를 게 뭐냐!"는 야유 섞인 객석을 뒤로하고 곧바로 무대를 내려와야 했던 심정은 이루 말로 표현할 길이 없었으리라.

이 큰 실패의 원인은 무엇이었을까? 〈나비 부인〉에 앞서 〈마농 레스코〉(1893), 〈라 보엠〉(1896), 〈토스카〉(1900) 등 연속적으로 대히트작들을 작곡한 푸치니는 흥미로운 원작, 충분한 준비 기간과 훌륭한 성악가들 그리고 풍족한 제작비 등 어려움이라고 조금도 없었기 때문에

〈나비 부인〉의 성공에 대해 털끝만큼의 의심도 갖지 않았다. 다만 작품을 보고 난 여러 동료와 친구들의 조언에 '교만'이라는 귀마개를 하고 있던 것이 문제였다.

푸치니는 초연의 실패를 맛보기 전까지 출판업자뿐 아니라 대본 작가의 개정 요구까지 완전히 무시했다. 그 결과 참담한 실패를 맛봐야 했고, 이후 자신의 과오를 인정하고 주변 사람들의 의견을 수렴해 밤낮을 매달려 오늘날 눈물 없이는 볼 수 없는 〈나비 부인〉을 완성했다. 대중적으로 가장 성공한 푸치니의 오페라는 〈라 보엠〉이지만, 그가 가장 끈질기게 사랑했던 오페라 속 여인은 바로 나비 부인이었던 것이다.

나가사키는 일본에서 서양 문물을 가장 먼저 받아들인 지역이다. 1900년대 나가사키 항은 서양으로부터 들어오는 배로 꽉 차던 시기였다. 해군이 많아지자 그들을 상대로 돈을 버는 게이샤도 많아졌고, 이들의 매춘과 국제결혼으로 새로운 사회 문제들이 생겨나기 시작했다. 이들과 결혼한 미국 남자들이 혼자 본국으로 돌아가 소식을 끊는 일들이 심심치 않게 일어났던 것이다.

미국 작가 존 루서 롱(1861-1927)은 선교사의 아내로 나가사키에 살았던 누이를 통해 한 게이샤의 이야기를 접하게 되었고, 1898년 미국 잡지 《센추리 일러스트레이티드》에 소설로 각색한 게이샤 이야기를 연재하면서 큰 인기를 얻었다. 롱의 〈나비 부인〉 이전에 프랑스 피에르 로티의 소설 〈국화 부인〉(1887)이라는 비슷한 소재의 소설이 있었지만, 이야기를 이끌어가는 시점과 결말이 달랐다. 숱한 경쟁자들을 제치고 이 작품을 연극으로 옮길 수 있는 기회를 차지한 사람은 미국의 극작가 데이비드 벨라스코(1853-1931)였다. 벨라스코의 연극 〈나비

푸치니 〈나비 부인〉의 배경이 된 구라바엔(Glover Garden). 나가사키는 일본에서 서양 문물을 가장 먼저 받아들인 지역이다. 1900년대 나가사키 항은 서양으로부터 들어

오는 배로 꽉 차던 시기였다. 해군이 많아지자 그들을 상대로 돈을 버는 게이샤도 많아졌고, 이들의 매춘과 국제결혼으로 새로운 사회 문제들이 생겨나기 시작했다.

부인〉(1900)은 크게 성공을 거두어 런던으로까지 진출했고, 이때 〈토스카〉 공연 문제로 런던에 있던 푸치니가 알아듣지도 못하는 영어로 된 이 연극을 보게 되었다. 푸치니는 연극이 끝나자마자 벨라스코에게 달려가 오페라로 만들게 해 달라고 애원했다고 하니 그가 얼마나 큰 감동을 받았는지 짐작할 수 있다.

많은 사연이 있는 푸치니의 〈나비 부인〉은 초연의 실패를 딛고 결국은 관객의 인정을 받아 지금까지 꾸준히 공연되고 있으며, 1990년대 들어서는 여러 안무가에 의해 경쟁적으로 발레 작품으로도 만들어졌다. 〈나비 부인〉을 처음 발레로 만든 이는 영국 발레의 대부 프레더릭 애슈턴이다. 그는 1955년 〈나비 부인〉에 큰 영향을 끼친 〈국화 부인〉을 발레로 만들었다. 이후 1990년대 들어 여러 안무가가 경쟁하듯 〈나비 부인〉을 작품화했다. 1995년 호주 출신의 스탠턴 웰치의 안무와 1996년 캐나다 출신의 데이비드 닉슨의 안무 작품이 많이 알려진 편이다. 원작 이야기를 충실히 구현한 웰치와 닉슨 버전 모두 동명 오페라 음악을 기본으로 하면서 일본의 전통 음악을 살짝 가미했다.

누구나 실수를 한다. 그 실수를 인정하고 고칠 줄 아는 사람들이 세상을 긍정적인 방향으로 변화시킬 수 있을 것이다. 지금 이 시대 핵폭탄은 아이러니하게도 현실과 가까운 곳에 있다. 잊을 만하면 발표되는 핵실험으로 "실험을 하는 것은 순전히 너 때문이야."라고 남 탓 하며 위협한다. 이러다 어느 날 핵실험이고 뭐고 그들의 목소리에 무뎌지는 날이 올까 걱정도 된다. 나가사키는 한때 일본의 7대 도시로 꼽힐 만큼 활력이 넘치는 도시였다. 실수를 인정하고 마음을 연 대화를 한다면 핵무기를 들이대며 협박하는 일 없이도 너와 내가 공존할 수 있는 평화로운 세상이 오지 않을까.

필라델피아 나비효과

1776년 7월 4일, 영국의 식민지 상태였던 미국의 열세 개 주가 필라델피아 인디펜던스 홀에서 독립을 선언한다. 비록 진정한 독립은 이후 약 팔 년에 걸친 싸움 끝에 1783년 9월 3일 맺은 '파리 조약'을 통해 인정받게 되지만, 필라델피아의 독립선언은 미국 독립선언문에 기록되고, 지금도 9월 3일이 아닌 7월 4일을 독립기념일로 정할 만큼 역사적으로 매우 중요한 사건이었다.

미국의 짧은 역사 가운데 이처럼 중요한 기념비를 세운 이 도시는 1790년부터 십 년간 미국의 수도였으며, 지금도 초기 연방 정부기관 건물과 미술관, 박물관들이 많이 남아 있다. 화려한 중심가와 무너진 건물의 노숙자들 그리고 외곽의 크고 아름다운 개인 주택까지 미국의 명암을 분명히 보여 주는 도시 필라델피아. 한때 동성애라는 민감한 문제를 다룬 동명의 영화가 한국에서도 잠시 이슈가 됐었다.

유명 배우 톰 행크스가 주연을 맡은 영화 〈필라델피아〉(1993)는 당시 메이저급 영화 중 처음으로 에이즈에 걸린 동성애자라는 껄끄러운 주제로 엄청난 위험을 감수하며 제작됐는데, '하이 리스크 하이 리턴' 이라는 말에 걸맞게 이천육백만 달러를 투자해 이억 달러를 넘기는 투자 대비 열 배가량의 박스오피스 판매고를 올렸다. 그렇다면 왜 하필 대도시 뉴욕도, 수도 워싱턴도, 동성애가 비교적 인정받는 샌프란시스코도 아닌 필라델피아였을까? 미국 독립선언문의 2장에 '모든 사람은 평등하게 태어나며 누구에게나 자유와 행복을 추구할 권리가 있다.' 라는 구절이 나온다. 독립선언문에 분명히 명시된 행복을 추구할 권리와 자유를 정말 누구나 갖고 있는지에 대한 의문을 다룸에 있어 미국 독립이 최초로 선언된 필라델피아가 적합한 장소라고 판단했을 것이다.

이 영화가 내게 더욱 특별했던 이유는, 수많은 적과 싸우느라 지친 주인공이 시큰둥한 변론을 하던 변호사의 마음을 움직이는 가장 중요한 장면에 오페라 아리아가 등장하기 때문이다. 원래 이 장면은 주인공과 변호사가 소송 막바지 원고 본인 심문을 위한 질문과 대답을 점검하러 만난 자리였다. 변호사의 약속된 질문보다 라디오에서 흘러나오는 음악에 주의를 기울이던 주인공은 대뜸 "오페라를 좋아하십니까?"라고 묻는다. 뜬금없는 질문에 당황한 변호사를 개의치 않고 계속해서 주인공은 지금 들리는 구슬픈 소프라노의 노래가 자신이 가장 좋아하는 아리아라 소개한다.

"마리아 칼라스, 안드레아 셰니에, 움베르토 조르다노." 에이즈로 인해 건강은 나빠지고 소송 경과도 좋지 못한 상황에, 엉뚱하게 오페라 아리아를 논하는 이 장면은 좌절과 슬픔 그리고 고독 속에 홀로 싸우는 주인공의 내면을 노래 한 곡만으로 훌륭하게 표현해 낸다. 단연 이 장면이 톰 행크스에게 아카데미 남우주연상을 안겨 줬다 해도 과언이 아니라 생각한다.

앙드레 셰니에(1762-1794)는 프랑스 혁명 시대 실존했던 시인이며, 영화 〈필라델피아〉에 등장하는 아리아는 오페라 〈안드레아 셰니에〉(1896)이 탈리아 작곡가 움베르토 조르다노(1867-1948)에 의해 만들어진 이탈리아 오페라기 때문에 본명 '앙드레가 이탈리아식 '안드레아'로 바뀌었다 3막에서 여주인공 맏달레나가 부르는 '어머님은 돌아가시고(La mamma morta)' 이다. 프랑스 혁명 당시 서른두 살의 나이에 단두대의 이슬이 됐던 시인 앙드레 셰니에는 생전에 단 두 편의 시만 발표했을 정도의 무명 시인이었지만, 사후에 프랑스 혁명을 상징하는 예술가로 재평가받은 인물이다.

앙드레 셰니에의 생에 존경을 표하는 오페라 〈안드레아 셰니에〉는 프랑스 혁명을 배경으로, 신분이 삶의 질을 결정하는 시대를 저주하는 하인 제라르와 가난하고 소외된 자들의 비참한 현실을 고발하는 시인 안드레아 셰니에 그리고 그런 셰니에를 존경하고 사랑하는 몰락한 귀족의 딸 맏달레나 세 사람의 혁명 속 숭고한 사랑을 그리고 있다.

오페라에서도 그렇고 실제로도 앙드레 셰니에는 인간의 평등과 자유를 외쳤고, 같은 생각을 하는 사람들에 의해 목숨을 잃었다. 반대되는 생각을 가진 이들이 그를 단두대로 보낸 것이 아니다. 그의 죽음은 같은 생각을 가졌지만 다른 방식을 주장했던 급진파에 의해 저질러진 혁명의 아이러니를 보여 주었다. 혁명에 방향에 동조하라. 방식에도 동조하라. 동조하지 않는 자는 모두 적이고, 그들의 권리와 자유는 보장하지 않는다. "미국은 모두의 권리와 자유를 동등하게 인정한다. 동성애자만 빼고."라고 말하는 영화 〈필라델피아〉가 떠오르지 않는가?

앞서 말한 바와 같이 필라델피아는 미국이 공식적으로 독립을 선언한 곳이며, 그 상대는 영국이었다. 당시 영국을 견제하던 프랑스는 당연히 미국의 독립전쟁을 원조했고 지나치게 전쟁 지원에 몰두하다 그만 심각한 재정 위기를 겪게 된다. 게다가 신분 간에 깊어진 감정의 골로 사회는 불만으로 터지기 일보 직전이었다. 바다 건너 식민지 필라델피아의 독립선언이 프랑스 혁명의 방아쇠를 당긴 하나의 요인이 됐던 것이다. 이런 걸 나비효과라고 하던가.

〈명량〉의 승리를 위한 오페라 〈이순신〉의 죽음

지금 백 원짜리 동전에 새겨져 있는 충무공 이순신 장군은 1993년 5월 발행이 중단된 오백 원짜리 지폐 속 인물이었다. 그때 오백 원으로는 참 많은 걸 살 수 있었는데, 지금은 자판기 커피 한 잔도 뽑지 못하는 시절이 된 것처럼, 나라에 목숨을 바친 이순신 장군은 우리의 일상과 별 상관없는 전설의 인물이 되었다. 그저 역사책 속 여러 인물 중 한 사람일 뿐, 먹고살기 위해 앞만 보고 달려가는 우리와 무슨 상관이 있는 분이겠는가. 위인전을 탐독하던 코흘리개 시절은 이제 희미해졌으니 말이다.

그런데 2014년 여름, 영화 한 편이 이순신 장군을 생생히 부활시켰다. 영화 〈명량〉은 2016년 상반기 기준 누적 관객 수가 천칠백육십만 명을 넘어 박스오피스 역대 1위를 기록했다. 개봉 이후 미디어들은 매일 같이 앞다투어 '이순신 신드롬'의 원인과 현상들을 분석하기 바빴고, 사람들의 입소문이 더 많은 관객을 극장으로 이끌었다. 영화 덕에 나 또한 흥미가 생겨 찾아보니 이순신 장군의 한산 대첩(1592), 명량 해전

(1597), 노량 해전(1598)에서 서양의 3대 해상 전투와 비슷한 점들을 발견했다.

우선 역사적으로 가장 앞선 그리스와 페르시아의 살라미스 해전(BC 480)은 그리스 자국의 지형과 물살을 잘 이용해 수적 열세를 뒤집고 승리했다는 점에서 한산 대첩과 흡사하고, 영국과 스페인의 해전이었던 칼레 해전(AD 1588)은 갈고리를 이용해 적의 배에 올라타는 전술을 펼친 스페인과, 화포의 기술이 앞서 일정한 거리를 두는 접근전으로 승부한 영국의 전술 대결이라는 점에서 명량 해전과 비슷하다. 영국과 나폴레옹의 해전인 트라팔가르 해전(AD 1805)에서 완벽한 승리를 거뒀으나 적의 총탄에 유명을 달리한 넬슨 제독(1758-1805)이 죽기 직전까지 자신의 상태를 숨긴 것은 노량 해전 중 전사한 이순신 장군의 마지막을 떠오르게 한다.

이렇게 여러 시대와 장소에서 벌어진 다양한 전술이 작은 조선 땅의 한 장군에 의해 시도되었다는 것이 얼마나 놀라운가. 장군의 드라마틱한 이야기는 정말 세계 어디에 내놓아도 빠지지 않는 매력적인 소재다. 불을 뿜는 괴물(거북선)의 모습으로 적을 격파하는 장면은 언제 보아도 전율을 느끼게 한다.

시간이 좀 지나 신드롬은 가라앉았지만, 이순신 장군에 대한 일반인의 존경심은 이전에 비할 수 없이 깊어졌다. 그리고 이제야 집 안에 굴러다니던 동전 속 장군의 모습과 늘 광화문을 지키던 위풍당당한 동상에 우리가 얼마나 관심이 없었는지를 깨닫는다. 부끄럽지만, 영화 〈명량〉이 없었다면 여전히 고리타분한 역사 속 한 장군쯤으로만 생각했을 것이다. 지배당하고 침략당하던 우리 역사 속 몇 안 되는 강건함과 승리의 기록. 당시 왜군에겐 공포 그 자체였다는 장군의 위엄을 통해 잊고 있던 자부심을 깨워 준 영화 한 편의 힘이 정말 놀랍고도 감사하다.

영웅과 전쟁은 영화의 단골 소재다. 내용보다 배우들의 복근과 헐벗은 몸이 더 화제가 됐던 영화 〈300〉(2006)은 앞서 말한 살라미스 해전을 소재로 했고, 칼레 해전은 〈엘리자베스〉(1998)라는 제목의 영화로 제작되었다. 영국의 충무공 넬슨 제독은 다수의 영화에서 중심 또는 주변 인물로 다뤄졌다.

우리의 영웅 이순신 장군은 〈명량〉 이전에 역사 드라마에서 종종 다뤄졌으며, 1998년 국내 사설 오페라단이 야심 차게 기획해 대형 오페라로 제작되었다. 출연진만 사백 명 가까이 투입된 이 오페라는 로마, 러시아 등지에서 공연되며 다듬어지면서, 한국의 대표 창작 오페라가 될 수도 있다는 가능성을 보여 줬으나 안타깝게도 재정적 이유로 오페라단이 파산하고 말았다. 지금까지 계속 무대에 올려졌다면 얼마나 볼 만한 오페라가 되었겠는가?

오페라뿐 아니라 드라마, 연극, 뮤지컬 그리고 수많은 다른 분야의 작품 가운데 지금까지 살아남아 사랑받는 것들 뒤에는 오페라 〈이순신〉과 같이 사라진 콘텐츠들과 많은 예술가의 채 꽃피우지 못한 열정이 있었다. 이름 없이 죽어간 수많은 독립투사가 광복의 밑거름이 된 것처럼. 안타까움에서 나온 과장된 비유일지 모르겠으나, 〈명량〉의 영광을 위해 오페라 〈이순신〉이 자신의 죽음을 누구에게도 알리지 못하고 사라진 것 같은 느낌이다.

문화에는 반드시 역사의 발자취가 반영된다. 뛰어난 국가와 민족의 모습은 문화로 남는다. 그저 돈이 되는 것, 순간의 감각을 만족시키는 것, 매번 더욱더 자극적인 것을 남보다 먼저 찾아내려 혈안이 될 것이 아니라, 십 년 후 백 년 후에도 부끄럽지 않을 작품들을 생산하는 데 관심을 모으면 어떨까 하는 바람이 머릿속을 맴돈다. 당장 관객을 만족시키지 못해도 의미 있는 작품이라 역사에 남길 가치가 있다면, 계속해서 갈고 닦아 결국엔 그야말로 나라를 대표하는 작품이 되도록 멀리 보고 지원할 수 있는 묘수가 없을까? 통쾌한 승리로 울분을 씻어 준 장군의 업적을 되새기며 오늘도 불가능할 것 같은 꿈을 꾸어 본다.

FBI와 중앙정보부에 끌려간 음악가들

대한민국은 휴전 상태의 분단국가다. 지금도 이 사실엔 변함이 없고 전쟁의 위협도 꾸준히 이어졌으나, 이제 대부분 사람들의 생활에 전쟁이 미치는 영향은 적어졌다. 무감각해졌다고나 할까? 그러나 불과 사십여 년 전까지만 해도 머리에 뿔이 달린 모습이나 심지어 늑대 혹은 돼지로 북한군을 묘사한 반공 만화들이 있었다. 정말 그랬었나 하는 생각이 들 정도로 가물가물한 기억들이다. 이는 생각의 색깔에 따라 아군과 적군이 극명하게 나뉘던 냉전 시대의 이야기다.

당시 미국과 소비에트 연방의 대결 구도가 유럽에서는 베를린을 중심으로, 아시아에서는 남북한을 중심으로 이념 전쟁을 치르는 모습이었다. 이런 시대적 배경 속에 동시대에 비슷한 경험을 한 두 명의 천재 음악가가 있었는데, 미국에서 태어난 러시아계 유대인 2세 레너드 번스타인(1918-1990)과 한국 통영 출신의 윤이상(1917-1995)이 바로 그 주인공들이다. 번스타인은 작곡가로 활발히 활동하면서 뉴욕 필의 지휘자로도 이름을 날렸고, 윤이상은 20세기 유럽 최고의 작곡가로 국제적인 명성을 쌓았다. 그러나 명성과 달리 그들의 인생은 순탄치 못했으니, 그들의 천재성은 어렵고 힘든 환경을 이기고 이룬 인간 승리의 모습이었다.

1943년 상임 지휘자의 급환으로 대신 지휘를 맡았던 음악회가 전국에 중계되면서 유명세를 타기 시작한 번스타인은 디트로이트를 중심으로 한 진보당 창설에 깊게 관여한 결과로 FBI에서 조사를 받고 음악회가 취소되는 등의 불이익을 받기 시작했다. 미국의 유력지 《라이프》는 번스타인을 좌파 요주의 인물 50인 중 하나로 소개할 정도였다. 이 결과 뉴욕 필 지휘자 자리에서도 내려와야 했으며, 1953년에는 안보상의 이유로 갱신이 거부된 여권 때문에 정치적 과오를 인정하는 진술서를 써야만 했다. 이러한 경험은 반공산주의에 의한 불이익이 만연한 세태를 풍자한 오페라 〈캔디드〉(1956)의 밑거름이 되었다.

번스타인의 경력은 급하게 내리막길을 걸었다. 그러나 이러한 정치적 고난에도 불구하고 그의 천재성은 결코 시들지 않았다. 1957년 대표작 〈웨스트사이드 스토리〉를 작곡했고, 1958년 뉴욕 필에 복귀해 뉴욕 필의 황금시대를 열었으며, 1969년부터는 세계 유수의 관현악단 객원 지휘자로 활동하며 명연주들을 남겼다. 번스타인의 재기는 디트로이트의 포드자동차가 의뢰한 연주회를 통해서였는데, 공교롭게도 한국의 작곡가 윤이상 역시 유럽 포드재단의 초청 예술가로 베를린에 정착하게 되었다.

1959년 〈일곱 개의 악기를 위한 음악〉으로 단숨에 유럽에서 주목받은 윤이상은 뜻밖의 사건으로 삼 년 가까이 재판과 옥고에 시달리게 된다.

1967년 한국의 중앙정보부가, 독일과 프랑스로 건너간 백구십여 명의 유학생과 교민 등이 동베를린 북한 대사관과 평양을 드나들며 간첩 교육을 받고 활동했다고 주장하며 그들을 강제로 압송했는데 이 일에 연루된 것이다. '동백림 사건'이라 불리는 이 사건의 결과, 조사받은 이백삼 명 중 스물세 명이 간첩 혐의로 기소를 당했으나 최종심에서는 대부분 혐의가 인정되지 않았다. 그런데 놀랍게도 윤이상은 무기징역을 선고받는다. 그러자 부적절한 강제 연행과 고문에 대한 많은 지식인^{작곡가} 스트라빈스키, 지휘자 카라얀 등과 독일, 프랑스 정부의 강력한 항의가 빗발쳤고 1970년 윤이상은 복역 이 년 만에 석방된다.

바라보는 시각에 따라 다양하게 해석되는 이 사건은 공식적으로는 호기심 때문에 국가의 적법한 허가를 받지 않고 적국에 들어간 몇몇 사람들의 행동과 과장된 수사가 빚은 시대의 아픔이라는 결론이다. 아무튼 이 사건으로 인해 윤이상은 추방되어 독일 국적으로 살아야 했고, 1982년이 돼서야 겨우 그의 음악이 해금되었다. 1982년부터 북한에서만 개최됐던 윤이상 음악제가 1994년 드디어 대한민국에서도 열리게 되어, 그는 정치적 문제를 해결하고 음악제에 참석하기 위해 부단히 노력했지만 끝내 참석하지 못한 채 베를린에서 세상을 떠난다. 그의 옥중 작곡으로 유명한 오페라 〈나비의 미망인〉(1967)은 독일에서 무려 서른한 차례의 커튼콜을 받았는데, 아마 이런 국제적 이슈로 인해 많은 사람의 관심이 더해져 음악제 개회가 가능하지 않았을까 생각한다.

참으로 기구했던 음악가의 삶이지만, 한 예술가의 생각이 이토록 많은 사람의 관심을 받게 되는 것을 보면, 피카소의 말대로 아티스트란 인간

번스타인은 디트로이트를 중심으로 한 진보당 창설에 깊게 관여한 결과로 FBI에서 조사를 받고 음악회가 취소되는 등의 불이익을 받기 시작했다. 미국의 유력지 《라이프》는 번스타인을 좌파 요주의 인물 50인 중 하나로 소개할 정도였다.

의 한계를 초월하여 많은 사람에게 영향을 미칠 수 있는 강력한 무기를 가진 존재임에 틀림이 없는 것 같다. 수많은 고행과 죽을 고비를 넘기며 사랑하는 많은 이들을 구한, 행운의 여신이 함께했던 캔디드^{번스타인 오페라의 타이틀 롤}처럼 말이다.

오페라 속 알카에다

2014년, 자신들을 '이슬람국가(Islamic State, IS)'로 칭하는 자들이 백인 포로들을 참수하는 장면을 공개하여 세계가 충격에 빠진 사건이 일어났다. 이들은 소위 '알카에다'라 불리던 무장 세력의 지파로부터 몸집을 불린 단체로, 인류 역사상 가장 흉악한 테러리스트 집단으로 여겨지고 있다.

미국의 오바마 대통령은 "그쪽 일에 신경 쓸 틈이 없다."라고 했다가 여론이 악화되자 "군사력을 동원해서라도 단호하게 대처하겠다."라는 입장으로 급선회했다. 어째서 미국 대통령은 자국민이 황망하게 목숨을 잃은 상황에서도 외면하고 싶었을까? 바로 오늘의 적이 내일의 동지가 될 수 있다는 말이 그 답이다. 계속되는 시리아 내전 중 미국은 눈엣가시였던 시리아 정권에 대항하는 반군을 지원했었기에, 반군의 일원이었던 IS에 대한 조치를 주저할 수밖에 없었던 것이다.

한편 이슬람 세력들도 크게 시아파와 수니파로 나뉘기는 하지만, 세부적으로는 정말 많은 당파가 존재해서 그 안에서도 배신의 계절은 수없이 반복되었다. 결국 이라크에서 잘나가던 알카에다는 후세인 축출 이후 여러 세력과 연합하여 활동 반경을 넓혔지만, 너무 과격해서 다른 이슬람 무장 단체들조차도 혀를 내두르고 등을 돌렸단다.

IS의 수장들은 이라크의 잘나가던 엘리트 군인 출신이 많다. 그래서 전쟁 경험이 많고 무기 구입 경로도 잘 알아 웬만한 나라의 군대보다 더 많은 군사 장비를 보유하고 있다. 그에 비해 주변 군소 국가들의 군인들은 거의 민방위 수준으로 눈빛 번뜩번뜩한 IS 용병 군인들과는 매우 다른 존재들이니 말 그대로 그냥 앉아서 당하는 수준이었다. 그러다 보니 단기간에 시리아 대부분이 IS에 넘어갔고, 뒤늦게 여러 나라가 공조하면서 군사적 대응을 시도하고 있지만 몇 십 년째 이어온 그 전쟁이 과연 쉽게 끝날까 싶다.

역사적으로 그 동네는 싸움이 잦았다. 11세기 시작된 십자군 전쟁이 대표적인 사례지만, 그 이전에도 비옥한 강줄기를 차지하기 위한 전쟁은 엄청났다. 그쪽 이야기를 알아보려면 성경을 보면 된다. 지금의 이스라엘 히브리 민족을 지배했던 나라들만 보더라도 이집트, 바빌론, 페르시아, 로마 등 바람 잘 날이 없던 곳임을 쉽게 짐작할 수 있다.

십자군 전쟁 이야기를 좀 더 해 보자. 1071년 동로마 제국은 셀주크 제국^{11-12세기 중앙아시아와 중동 일대를 다스린 수니파 무슬림 왕조로, 오늘날 아제르바이잔, 터키, 투르크메니스탄의 문화상 조상으로 간주된다}과의 전쟁에서 패하며, 예루살렘을 비롯해 아시아 대륙의 남부에서 발칸 반도에 이르는 아나톨리아 반도의 대부분을 잃게 된다. 1081년 새롭게 즉위한 황제는 제국을 일으키기 위해 노력하다가 힘에 부치자, 이교도들과 맞설 원군을 교황에게 요청하게 된다(1095). 요청은 받아들여져 이때부터 무려 이백 년 가까이 네 차례에 걸쳐, 성지를 보호하고 탈환할 목적으로 모집한 십자군이 파견된다 (1095-1291).

첫 번째 십자군은 어렵지 않게 예루살렘과 시리아를 점령했으나, 이 성공에 고무된 유럽의 왕들까지 참여한 2차 원정은 아무런 소득 없이 병력과 물자만 낭비한 실패로 돌아갔다. 빼앗긴 예루살렘을 되찾기 위해 시작된 3차 원정은 가장 많은 뒷이야기를 남긴 최강의 십자군이었으나 이슬람 세력과 어느 정도 타협하는 선에서 마무리하였고, 이후 오랜 전쟁으로 악화된 국가 간의 이익이 복잡하게 얽히며, 결국 동로마 제국의 멸망을 야기한 4차 원정이 이어졌다. 지금의 스페인 이베리아 반도에서 이슬람 세력은 물러갔지만 터키 반도는 이슬람에 내주었다. 그 긴 세월 동안 처참한 복수전이 난무했다. 스코틀랜드와 잉글랜드 사이의 감정은 과거의 일로 쌓인 것이지만, 중동은 아직도 현재 진행형이다.

한편, 십자군 전쟁은 후대에 많은 이야깃거리를 남겼다. 영국의 아서왕 이야기, 바그너의 오페라 〈로엔그린〉(1848)과 〈파르지팔〉(1881) 그리고 영화로도 만들어진 추리소설 〈다빈치 코드〉(2003)는 모두 십자군 전쟁 이야기 속 성배와 성창을 주요 소재로 한 작품들이다. 이 밖에도 이스라엘 탈환을 주제로 작곡가 몬테베르디가 〈탄크레디와 클로린다의 전투〉(1624), 로시니가 〈탄크레디〉(1813)를 만들었으며, 륄리, 글루크, 하이든, 브람스, 드보르자크도 십자군의 1차 원정을 주제로 한 작품을 남겼다.

이 소재의 작품 중 우리에게 비교적 익숙한 것으로 헨델의 오페라 〈리날도〉가 있는데, 정확히 말하면 오페라 속 한 아리아가 거의 이백 년간 잊혔던 이 오페라를 부활시켰다. 극 중에서 알카에다처럼 묘사되는 이슬람의 왕 아르간테가 십자군 부대 장군의 딸 알레미나를 납치했는데, 알레미나가 부르는 '울게 하소서(Lascia ch'io pianga)'가 바로 그 아리아다. 영화 〈파리넬리〉(1994)에서 여성 관객들과 작곡가 헨델을 실신하게 만든 아리아로 유명해졌다. 비록 오페라 〈리날도〉는 십자군 전쟁을 배경으로만 사용하지만, '울게 하소서'가 보여 주는 고상한 아름다움에는 전쟁이라는 비극에 관한 슬픔이 깃들어 있는 것만 같다. 한때 세계 문명의 근원지 중 하나였던 축복의 땅이 순식간에 죽음의 땅이 되어 버린 지금, 마치 그곳에서 죄 없이 죽어 간 이들을 위해 누군가 진정 울어 줄 사람이 필요하다고 말하듯이.

오페라하우스 암살 사건

개혁적인 지도자, 사회에 막대한 영향력을 끼치는 사회 운동가나 정치가는 늘 암살의 위협을 받는다. 정치적 사회적 목적을 위해 발생하는 암살은 수많은 사람의 이해관계가 얽힌 흥미로운 뒷이야기를 남기며 후대의 이야깃거리가 되거나 문학과 예술의 소재가 되기도 한다.

암살이라는 행위는 적은 비용과 희생으로 큰 효과를 볼 수 있으므로 동서를 막론하고 오랜 역사를 가지고 있다. 일본의 경우, 방음이 되지 않는 미닫이 벽으로 둘러싼 방에서 자거나, 걸을 때마다 소리가 나는 바닥을 까는 등 암살을 대비하는 목적이 건축 구조에도 영향을 끼쳤다. 우리나라에서는 정몽주, 명성황후, 김구, 박정희 대통령 등이 암살로 희생당했으며, 조선의 왕과 세자 중 십수 명이 독살설에 자유롭지 않다. 마틴 루서 킹, 링컨과 케네디 대통령, 마하트마 간디, 아웅 산, 존 레넌 등도 대표적 암살 희생자이고, 암살 시도를 당했으나 살아남은 이들의 스토리도 부지기수다. 2015년 여름 개봉한 〈미션 임파서블 5〉에서도 허구이기는 하지만 빈 국립 오페라극장을 배경으로 오스트리아 총리 암살 장면이 등장한다. 이러한 수많은 암살 사건 중에 북유럽의 극적인 암살 사건, 스웨덴 국왕 암살 사건이 실제로 있었다.

구스타브 3세(1746-1792)는 귀족정치를 고사시키고 왕권을 강화하던 절대군주의 표상이었다. 당연히 그만큼 적들도 많았고, 결국 여러 세력의 공모로 이뤄진 암살로 생을 마감했다. 이 사건의 경우 암살 장소가 매우 특이한데, 1792년 3월 스웨덴의 수도 스톡홀름의 로열 오페라하우스에서 열린 가면무도회였다. 왕에게 총을 난사한 사람은 경호 대장이었던 앙카르스트룀(1762-1792)이었다. 구스타브 3세는 총상으로 시름시름 앓다가 곧 세상을 떠났고, 그가 병상에 누워 있는 동안 온 국민의 동정이 왕에게 쏠려 이 사건에 관련된 귀족뿐 아니라 무관한 귀족까지 귀족 계층 전반이 한동안 비난을 받았다. 현장에서 체포된 범인은 귀족으로서의 권리와 재산을 몰수당했으며, 국왕 서거 후 한 달 동안 엄청난 고문을 거쳐 참수형을 당했다.

많은 사람에게 공포감을 주었던 이 사건은 작가적 상상력을 가진 사람들에게 최적의 창작 소재로 떠올랐다. 그리고 당시 최고의 예술이던 오페라 무대에 이 사건이 오르기 시작했다. 프랑스 작곡가인 다니엘 오베르는 〈구스타브 3세〉(1833)를 썼고, 이탈리아의 사베리오 메르카단테는 배경을 스코틀랜드로 바꿔 오페라 〈Il Reggente〉(1843)^{지도자, 지배자, 섭정자, 국가 원수 등을 의미한다}를 발표했다. 그리고 뭐니 뭐니 해도 현재 이 사건을 다룬 오페라 중 가장 많이 연주되는 작품은 오페라의 거장 베르디의 〈가면무도회〉(1859)다.

이 작품은 배경을 미국 보스턴으로 바꾸고 암살 대상은 영국에서 파견

된 총독 리카르도라는 인물로 새롭게 설정했다. 국민을 사랑하는 훌륭한 정치인 리카르도에게는 여러 고민이 있었는데, 하나는 암살에 대한 두려움이었고 다른 하나는 남편이 있는 여성을 사랑한다는 것이었다. 설상가상으로 그 여성의 남편은 총독의 가장 가까운 친구인 레나토 장군이었다. 이 사실을 알게 된 레나토는 총독을 암살하려는 이들과 뜻을 같이하여 가면무도회에서 계획을 실행하게 된다. 레나토의 부인 아멜리아는 두 남자 사이에서 방황하며 결단을 내리지 못하는데, 사실 이 여인은 실제 암살 사건에는 없던 인물인, 순수한 상상력으로 탄생한 인물이다. 그럼에도 실제로 구스타브 3세와 법적 부인 즉 왕비의 사이가 원만치 못했다는 사실이 이 상상력에 힘을 실어 준다. 워낙에 실화가 극적이기 때문인지 오페라 속 인물들은 절대적 악인도 선인도 아닌 평범한 캐릭터로 묘사되고 설득력 떨어지는 부분도 종종 보이지만, 캐릭터보다 스토리의 긴장감을 통해 손에 땀을 쥐게 하는 오묘한 매력의 오페라다.

다시 스톡홀름으로 돌아가 보자. 스웨덴의 왕립 오페라단과 첫 오페라 극장을 만든 이는 공교롭게도 구스타브 3세였다. 1782년 문을 연 이 오페라극장은 구스타브 3세의 이름을 따서 구스타비안스카 오페라후세트(Gustavianska Operahuset)라고 불렸고, 십 년 뒤 그곳에서 설립자가 총을 맞게 됐던 것이다. 이 오페라극장은 파리 오페라 무도회의 영향을 받아 가장무도회 장소로 자주 사용되다가 구스타브 3세 암살 사건이 터지자 일단 문을 닫았다.

구스타브 3세의 뒤를 이어 왕위에 오른 아들 구스타브 4세는 아버지와 달리 오페라를 선호하지 않았다. 아버지의 암살 사건이 어느 정도 영향을 끼쳤으리라 생각된다. 그는 아버지의 암살 장소가 버젓이 춤과 노래를 즐기는 장소로 돌아가길 원치 않아 결국 극장을 폐쇄했다. 사연 많은 이 극장은 1892년에 가서 철거되고 말았다. 구스타브 3세가 저격당한 지 백 년 만이었다. 현재 그 자리에는 새로운 오페라극장이 있다. 왕립극장(Kungliga Operan)이라는 이름을 가졌으며, 오페란 또는 오스카 극장이라고 불린다. 천이백 석의 오스카 극장은 옛 극장보다 규모는 작지만 짜임새 있는 구조와 신고전주의 양식의 아름다움을 보여 주며, 특히 금빛 찬란한 회랑으로 유명하다.

영화 〈반 헬싱(Van Helsing)〉 한 장면. 구스타브 3세는 귀족정치를 고사시키고 왕권을 강화하던 절대군주의 표상이었다. 당연히 그만큼 적들도 많았고, 결국 여러 세력의 공

모로 이뤄진 암살로 생을 마감했다. 이 사건의 경우 암살 장소가 매우 특이한데, 1792년 3월 스웨덴의 수도 스톡홀름의 로열 오페라하우스에서 열린 가면무도회였다.

세상을 흔드는 음악, 세상을 멈추는 음악

일반적으로 클럽 하면 생각나는 이미지는 어두운 지하에 집채만 한 스피커에서 나오는 쩌렁쩌렁한 음악에 맞춰 젊은이들이 어울려 춤추며 열정을 발산하는 모습일 것이다. 그렇다. 세상을 흔드는 음악이 있다. 신나고 흥겨우며 무아지경에 빠지게 하고 스트레스를 날려 준다. 그런데 그 장소를 나오면 온몸을 흔든 기억은 있는데 어떤 곡을 들었는지는 기억이 가물가물하다. 감상하는 음악이 아니라 즉각적인 느낌에 집중하게 하고, 나아가 생각하기보다 몸을 맡기게 하는 음악이었기 때문이다. 마치 반복적인 리듬에 맞춰 뛰면서 무아지경에 빠진 아프리카의 무당처럼 말이다.

반면 사람을 멈추게 하는 음악도 있다. 드라마틱한 탈옥과 억울한 감옥살이를 보상하는 반전, 그리고 자유란 무엇인지 생각하게 하는 영화 〈쇼생크 탈출〉(1994)은 두고두고 회자되는 명작 중 하나다.

아내와 그녀의 정부를 살해했다는 누명을 뒤집어쓰고 감옥에 들어온 주인공 앤디 듀프레인은 쉽지 않은 감옥 생활 초기를 넘기고 또 다른 장기수 레드와 우정을 쌓아 가며 감옥 생활에 적응해 간다. 그러다 우연히 예전의 직업적 수완을 발휘한 것이 교도소장 귀에 들어가 교도소장의 재산 관리를 하게 되는 것은 물론이고 다른 교도소에서도 상담하러 오는 등 앤디의 삶은 마치 평범한 자유인처럼 안정을 찾아 갔다.

끊임없이 할 일을 찾던 그는 어느 날 교도소 내에 도서관을 짓겠다고 결심한 후 도움을 요청하는 편지를 여러 곳으로 보낸다. 편지는 매주 보내졌고, 한번은 그에 대한 답으로 책과 LP판이 잔뜩 도착했다. 짐 정리를 시킨 교도관이 자리를 비운 사이, 문득 집어 든 음반의 표지를 본 앤디는 음반을 턴테이블에 올린 후 방송실의 문을 잠그고 감옥 전체에 음악이 들리도록 스피커를 켠다. 일하던 죄수, 잠자던 교도관, 운동장에서 야외 활동을 하던 죄수가 모두 하던 일을 멈추고 마치 마법에 걸린 듯 음악에 집중한다. 그 순간 감옥 안은 음악 소리 이외에 어떠한 움직임도 없었다. 등장인물 모두가 정지한다. 교도소장과 간수장이 힘으로 문을 부수고 들어와 앤디를 제압할 때까지 영화는 그 곡을 마지막 한 음까지 다 들려준다.

이때 흘러나온 음악은 모차르트의 오페라 〈피가로의 결혼〉 3막에서 백작 부인과 하녀 수잔나가 부르는 '편지 이중창'이다. 이 음악은 실제 공연에서 연주되는 속도에 비해 상당히 느린 속도로, 그러나 너무나 아름답게 연주되었다. 독일의 유명 지휘자 카를 뵘의 지휘 아래 연주된 이 듀엣은 영화를 통해 그동안 수많은 실황 오페라조차 주기 힘들었던 감동을 관객에게 선사했다. 세상을 멈추게 하는 그 음악이 흐르는 동안 주인공 앤디는 한마디 말도 없다. 그저 평범한 날 자신이 좋아하는 음악을 느긋이 음미하는 자유인의 모습이었다. 감시와 통제의 공간에 전혀 어울리지 않는 오페라 한 곡으로 어떤 선동보다 강렬하게 자유를 갈망하게 한 이 장면은 모건 프리먼이 연기한 늙은 죄수 레드의 목소리로 다음과 같이 대변되었다.

"난 지금도 그 이탈리아 여자들이 뭐라고 노래했는지 모른다. 사실은, 알고 싶지 않다. 모르는 채로 있는 게 나은 것도 있다. 난 그것이 말로 표현할 수 없고 가슴이 아프도록 아름다운 얘기였다고 생각하고 싶다. 그 목소리는 이 회색 공간의 누구도 감히 꿈꾸지 못했던 하늘 위로 높이 솟아올랐다. 마치 아름다운 새 한 마리가 우리가 갇힌 새장에 날아 들어와 그 벽을 무너뜨린 것 같았다. 그리고 아주 짧은 그 순간, 쇼생크의 모두는 자유를 느꼈다."

솔직히 개봉 당시엔 제대로 된 여배우 하나 등장하지 않는, 남자들만 득실대는 감옥 영화를 꼭 돈 내고 영화관에 가서 봐야 할까 하는 생각이 있었다. 흥행의 기준으로 봐도 개봉한 지 십오 년을 훌쩍 넘긴 2010년이 되어서야 DVD, TV 판권을 통해 겨우 투자 비용을 회수할 정도로 돈과는 거리가 먼 영화였지만, 2008년 영화 잡지 《엠파이어(Empire)》에서 발표한 '독자가 뽑은 역사상 최고의 영화 500선'에서 당당히 4위에 오를 정도로 감동적인 영화 중 하나로 남아 있다.

〈쇼생크 탈출〉은 예술영화가 아니지만, 그 포커스는 자극적이고 선정적인 부분이 아니라 감동에 맞추어져 있다. 예술과 일맥상통하기에 대중에게 다가가는 데 오랜 세월을 보내야만 했지만, 영화를 본 한 사람 한 사람에게 말 그대로 '힐링'을 안겨 준 영화였다.

본디 오페라 속 노래들, 특히 아리아는 장면을 멈추고 그 상황에서 나오는 감정을 과장하고 증폭시키는 장치다. 영화 〈인생은 아름다워〉나 〈필라델피아〉처럼 오페라 아리아가 사용된 영화의 장면들은 대부분 그래서 시간이 멈춘 것 같은 효과를 준다. 클럽 음악이 우리의 몸을 흔들듯 오페라 아리아는 우리의 정신과 마음을 흔든다. 몸을 깨우는 음악이 막힌 무언가를 흔들어 뚫어 주듯, 마음을 흔드는 음악은 지치고 허무한 정신이 잠시 잊고 있던 것들을 일깨워 준다.

꼭 속속들이 알 필요는 없다. 세상이라는 바쁜 감옥 속에서 잠시 흘러나오는 음악을 향해 잠시만이라도 걸음을 멈추고 주변을 정지시켜 보자. 그리고 아름다운 새 한 마리가 마음의 빗장을 열고 스스로 쌓아 올린 벽을 허무는 것 같은 자유를 느껴 보자.

영화 〈쇼생크 탈출〉 한 장면. 일하던 죄수, 잠자던 교도관, 운동장에서 야외 활동을 하던 죄수가 모두 하던 일을 멈추고 마치 마법에 걸린 듯 음악에 집중한다. 그 순간 감옥 안은 음악 소리 이외에 어떠한 움직임도 없었다.

사라진 브레이브 하트의 꿈

2014년 9월, 독립에 관한 국민투표 결과 스코틀랜드는 홀로 서지 않게 되었다. 투표율 84.5퍼센트 중 독립 반대표가 55퍼센트였다. 이는 역으로 생각할 때 과반수에 가까운 사람들이 독립을 원했다는 의미가 된다. 손을 든 사람이 한 명 더 많아 결국 없었던 일로 하기로 한 것처럼 근소한 차이로 넘어가는 모양새가 되었다. 우세하던 독립의 여론은 잉글랜드가 본격적으로 '쩐의 전쟁'을 선포함으로써 싱겁게 끝나 버리고 말았다.

영국의 GDP 중 8퍼센트 정도가 스코틀랜드의 기여 부분이라 처음엔 독립하든지 말든지 무심했는데, 아무래도 북해 유전과 이미 충분히 어려운 상황에 전체 경제 규모까지 줄면 필연적으로 야기될 타격을 염려했는지 잉글랜드는 입장을 바꿔 은근히 협박하기로 한 듯했다. '독립 즉시 공식 화폐인 파운드는 사용 불가', '친척을 보러 잉글랜드로 오려면 비자 신청을 해야 할 것', '유럽 연합에 그대로 남을 수는 없을 것', 지분의 40퍼센트가 영국에 있는 '로열 스코티시 은행 본점을 런던으로 옮길 것' 등 협박 내용이 수도 없었다. 결국 돈이 문제다. 무려 13세기부터 견원지간처럼 이어지던 싸움은 조상들의 역사일 뿐, 독립 반대라는 결과는 자존심 세우다 당장 굶어 죽을 수도 있다는 위기감이 작용한 것으로 보인다.

지구 반대편 작은 나라의 독립이 뭐 그렇게 대단하다고 국제 뉴스 1면을 계속 장식했을까? 왜 그들은 죽어라 독립을 하려고 할까? 역사를 보면, 한 하늘 아래 두 개의 태양이 있을 수 없듯이 섬나라에 여러 나라가 존재한다는 것은 쉬운 일이 아니었다. 그래서 섬나라에서는 전쟁이 없는 날을 꼽는 편이 쉬울 정도로 전쟁이 잦았다. 잉글랜드와 스코틀랜드의 본격적인 갈등은 11세기까지 올라가는데, 실제로 1707년 이전까지 스코틀랜드는 공식적으로 다른 나라의 이름 아래 있었던 적이 단 한 번도 없던 나라다. 잉글랜드 지역까지 점령한 로마 군대조차 엄두도 못 내던 곳이 스코트족이 9세기경부터 왕국을 건설한 스코틀랜드였다. 셰익스피어의 연극 〈맥베스〉(1605-1606)에는 아버지를 죽인 맥베스를 무찌르고 다시 나라를 되찾는 맬컴이라는 스코틀랜드 왕자가 나오는데, 이 전쟁의 병사 일만 명은 잉글랜드에 원조를 요청해 투입된 병사들이었다. 이 원조를 빌미로 잉글랜드의 참견이 커지기 시작했고, 급기야 1292년 존 1세가 스코틀랜드 왕위에 오르자 잉글랜드의 에드워드 1세는 아예 스코틀랜드를 소유하고자 침공을 감행해 존 1세를 포로로 잡아가고 학정을 시작한다. 이때부터 본격적인 두 나라의 비극이 시작되었는데, '스코틀랜드의 안중근' 윌리엄 월리스(1274경-1305)의 스토리를 그린 영화 〈브레이브 하트〉(1995)를 본 사람이라면 대충 짐작하듯,

잉글랜드의 폭정에 대항해 일으킨 독립전쟁은 양측 모두 많은 희생자를 발생시켰다. 이 전쟁은 거의 삼십 년을 이어 갔고, 그 사이 잉글랜드의 왕은 두 번이나 바뀌었다. 결국 두 나라는 교황청의 중재(1320)를 통해 원래 상태의 주권 국가로 조약을 맺으면서 겨우 본전치기했다. 그 이후에도 크고 작은 분쟁들이 잊을 만하면 일어났는데, 일본과 우리의 관계처럼 스코틀랜드는 피해자로서 받아야 할 감정적 빚이 남아 있는 것이다.

파란만장한 역사 때문인지 문학 작품 속 스코틀랜드는 암울하고 어두운 이미지로 묘사되곤 한다. 지금도 활발히 공연되는 오페라 작품 중에도 스코틀랜드를 배경으로 한 것들이 많다. 대표적으로 베르디의 〈맥베스〉(1847), 도니체티의 〈람메르무어의 루치아〉(1834)와 〈마리아 스투아르다〉(1835)가 있다. 〈맥베스〉가 잉글랜드와 스코틀랜드 간 전쟁의 서막에 해당하는 작품이라면, 〈마리아 스투아르다〉는 두 나라가 통합될 즈음의 이야기를 다루고 있다. 두 나라는 잉글랜드의 엘리자베스 1세 여왕이 대를 이을 왕세자 없이 서거하자(1603), 스코틀랜드의 제임스 6세를 잉글랜드의 제임스 1세로 왕위 등극시키면서 통일국가가 되었다. 그런데 왕이 된 제임스 1세의 어머니는 사촌이었던 엘리자베스 1세에 의해 처형된 비운의 여왕 메리 스튜어트였다. 즉, 어머니의 핏값으로 왕이 된 것이었다.

메리 스튜어트의 이야기는 괴테의 절친한 친구였던 독일의 작가 실러에 의해 연극이 되었고(1800), 1835년 12월 밀라노의 라 스칼라 무대에 도니체티의 오페라로 올려졌다. 실제로는 한 번도 만난 적 없는 엘리자베스 여왕과 메리 스튜어트는 이 연극과 오페라에서 만나게 된다. 소재가 소재이니만큼 이 오페라는 계속해서 검열의 수난을 겪었다. 라 스칼라 초연 일 년 전 나폴리에서는 왕비가 메리 스튜어트의 직계자손이라는 이유로 예정되었던 오페라가 아예 사장되었다. 이 외에도 메리 스튜어트가 엘리자베스 면전에서 더러운 잡종 운운하는 장면이 당연히 문제가 되었는데, 라 스칼라 초연을 앞두고 이 장면의 대사를 순화하라는 제안을 받았지만, 주연 성악가가 단호히 거부하는 일이 생긴다. 이 일로 이탈리아 공연은 불발되는 듯했으나 주연 성악가의 갑작스러운 죽음으로 수정안이 받아들여져 초연을 마치게 된다.

그런데 실제 공연된 적이 없는 오페라의 욕설 대사를 어떻게 알고 당국에서 상연 금지 조치를 취했을까 하는 당연한 궁금증이 드는데, 여기에서 당대 최고의 오페라 스캔들 중 하나가 발생한다. 리허설 중 엘리자베스 1세 역의 소프라노가 문제의 대사를 듣고는 갑자기 주인공에게 달려들어 머리채를 부여잡고 얼굴에 마구 주먹을 날린 것이다. 기절한 주인공은 들것에 실려 나갔고, 이 웃지 못할 사건으로 문제 대사의 부적절성이 대두되었다. 이후 극장과 정부의 비협조로 이 오페라는 오랫동안 사람들에게 잊혔다. 끝까지 원래 대사를 고집했던 주연 성악가 마리아 말리브랑(1808-1836)이 원했던 런던 공연은 백삼십여 년이 지난 1966년 3월에나 성사되었으니, 참 멀리도 돌아왔다.

아이러니하게도 작품이 사장되는 데 일조한 주연 성악가 말리브랑은 스페인 출신이며, 계속된 검열에 화가 나 스스로 공연을 거부한 작곡가 도니체티 역시 잉글랜드는 물론 스코틀랜드와도 무관한 이탈리아 사람

〈맥베스〉가 잉글랜드와 스코틀랜드 간 전쟁의 서막에 해당하는 작품이라면, 〈마리아 스투아르다〉는 두 나라가 통합될 즈음의 이야기를 다루고 있다.

이다. 두 나라의 앙심이 얼마나 깊고 질기면 상관없을 것 같은 음악가들에게까지 이런 일이 생겼을까 싶은 생각마저 든다. 지금도 스코틀랜드는 독립에 대한 의지를 끊임없이 표현하고 있으니, 언제 독립하게 될지 궁금하다 못해 내기라도 하고 싶은 심정이다.

'서머 타임'을 듣고 싶다면
흑인 성악가와 계약하라

지구를 한 바퀴 도는 데 이틀이면 충분한 세상을 살면서 놀라운 경험을 하게 될 때가 있다. 비행기를 타고 처음 구름을 내려다보았을 때의 환상적인 기분과, 설탕과 소주를 섞어 만든 포도주만 마시다 기내에서 제공되는 시큼하고 떨떠름한 유럽식 와인의 생소한 맛에 놀랐던 기억이 아직도 뇌리에 강하게 남아 있다. 각자 손안에 들어오는 개인 전화기를 휴대할 것이며 누구나 자동차를 쉽게 끌 시대가 올 것이라는, 공상과학 영화에나 나올 법한 미래 상상도를 그리던 때가 얼마 전 같은데, 어느새 우리는 언제든 어디서든 어렵지 않게 연락하고 소통하며, 사정이 허락된다면 당장 지구 반대편에 있는 사람도 만날 수 있는 시대에 살게 되었다. 우리 생활이 이렇게 급격하게 변할 줄 누가 상상이나 했겠는가? 2015년 초, 평생 언제 가 보겠는가 하는 마음에, 여행 테마 TV 프로그램에 출연하여 세이셸이라는 섬나라를 소개하게 되었다. 인도양 최후의 낙원이라는 별명에 걸맞게 아름다운 곳이었다. 그림 같은 해변을 걷던 중 우연히 그곳에서 진행되던 결혼식을 보게 되었고 그들과 이야기도 나누었다. 행복의 절정에 있는 신랑과 신부, 아프리카 인도양 백사장의 꿈만 같은 결혼식은 감탄을 자아내는 자연경관과 어우러져 깊은 인상을 남겼다. 이렇게 아름다운 첫인상이 지나간 후에 천천히 여러 곳을 다니면서 많은 사람과 만나 이야기해 본 결과, 신들의 정원같이 한없이 아름다운 그곳 역시 인간이 발을 딛고 사는 '인간의 땅'이었다.

아프리카 마다가스카르와 스리랑카의 중간 지점쯤에 있는, 세계 지도에서는 맨눈으로 찾아보기 힘든 섬나라 세이셸. 수도 빅토리아의 모습은 TV에서 보던 쿠바와 약간 비슷한 느낌을 주었다. 거리에는 많은 흑인과 더불어 유럽 백인도 상당수 보였고, 문화도 서구화되어 있으며, 집들의 형태에도 유럽의 건축 양식이 많이 스며들어 있었다. 거리에는 귀에 익은 랩과 힙합, 레게 음악이 흘렀고, 항구 노동자들 또한 쉽게 볼 수 있었다. 원래 무인도였던 이곳은 식민지를 건설한 유럽인들이 아프리카 노예들을 데려와 아시아, 아프리카의 향신료나 목화, 과일을 길러 식물을 대량 생산하는 플랜테이션 농장16-17세기 서구 제국이 열대, 아열대 지역으로 농업 개척을 시작하며 현지 원주민의 값싼 노동력을 바탕으로 본국의 자본과 기술을 도입한 기업적인 농업 경영 방식을 말한다. 재배 농작물은 주로 무역품으로 가치가 높은 고무, 차, 삼, 커피, 카카오, 사탕수수, 바나나, 담배 등이 있다. 현재는 제2차 세계대전 이후 식민지의 독립 과정에서 국유화되어 현지민이 직접 경영하는 경우가 많아졌다을 운영했던 역사가 있다. 위치상으로는 거리감이 있지만, 미국에 끌려온 흑인들과 매우 비슷한 환경이었다.

미국에서 목화 농장을 운영하는 데 필요한 인력을 노예제도를 통해 공급했던 것처럼 세이셸도 마찬가지였다. 노예로 잡혀 와 이유도 모른 채 낯선 땅에서 일하고 사라져야 했지만, 그들도 오랜 세월 힘든 과정을 겪으며 인간으로서의 당연한 권리를 찾게 되었고, 1976년 아프리카 세이셸의 주인이 되었다. 그리고 2008년 미국에서 흑인 대통령까지 선출되는 세상이 되었다.

이런 그들의 역사와 모습 속에 문득 조지 거슈윈(1898-1937)의 오페라〈포기와 베스〉가 떠올랐다. 1935년 최초 공연된 이 작품은 미국 항구를 배경으로, 걷지 못하는 흑인 부랑자를 주인공으로 내세운다. 오페라가 만들어질 당시는 흑인을 주인공으로 한 것만 해도 파격이었는데, 주인공의 설정마저 최악의 조합이었던 참 특이한 소재의 작품이다. 흑인 인권 운동의 발단이 된, 백인 남성에게 자리를 양보하지 않았다는 이유로 흑인 여성이 체포된 사건이 1955년에 있었고,〈포기와 베스〉의 초연은 그 사건이 있기 이십 년 전이었으니 당시의 반응이 어떠했을지 쉽게 상상할 수 있을 것이다. 이 오페라의 등장인물은 말 없는 일부 조역들을 제외하고 모두 흑인이다. 지금도 출연진 중 반드시 흑인이 있어야만 공연할 수 있다. 심지어 음반 제작에도 흑인을 출연시켜야 한다는 까다로운 조건을 달고 있는 오페라다.

막이 오르면 귀에 익은 재즈풍의 자장가 '서머 타임'이 들린다. 이야기는 언제나 그렇듯 사랑 이야기이며 삼각관계를 넘어서 사각 관계까지 이른다. 우연히 남자친구의 폭력을 피해 '포기'의 안식처에 찾아온 여인 '베스'. 그들은 서로 사랑하게 된다. 포기는 베스를 괴롭히던 남자친구를 죽이고 경찰에 체포되지만 증거 불충분으로 풀려난다. 문제는 그 잠시를 견디지 못한 베스가 동네 한량인 녀석과 뉴욕으로 야반도주했다는 것. 소식을 들은 주인공이 뉴욕으로 가는 것을 끝으로 오페라는 막을 내린다. 간략히 요점만 말하면 여인은 필요에 따라 남자를 갈아치우고 남자들은 그런 그녀를 위해 나쁜 일까지 저지른다. 마치 비제의 오페라 〈카르멘〉에서 여자 주인공 카르멘을 위해 남자 주인공 호세가 범죄자가 되는 모습을 보는 듯하다. 힘들고 어려운 흑인들의 이야기를 재즈와 함께 풀어낸 〈포기와 베스〉는 연극, 영화, 뮤지컬, 오페라 등 다양한 형태로 제작되었지만, 오페라로서 가장 작품성을 인정받고 있으며 지금도 많은 극장에서 공연되고 있다.

이 오페라의 등장 이후 흑인 성악가들이 세계적인 무대에 서게 되었고, 다른 작곡가들의 작품에까지 영역을 넓혀 갔다. 작곡가와 저작권자의 신념을 통해 흑인 그들만의 독점적인 레퍼토리를 구축한 좋은 예다. 그에 비해 동양을 배경으로 한 작품들에는 서양인들이 동양인의 모습으로 분장하고 동양인 흉내를 낸다. 그냥 그런가 보다 하고 가볍게 넘기지 말고 깊게 생각해 볼 문제다. 아시아를 배경으로 아시아만의 이야기를 담은 훌륭한 작품을 계속 만드는 동시에 우리의 권리도 놓치는 것이 없는지 신중히 챙겨야 할 것이다. 최고 기량의 한국 성악가들이 넘쳐나는 세계적 오페라는 생각만 해도 기분 좋은 일이니 말이다.

빛나는 그랑 블루의 핏빛 복수

춥고 긴 겨울밤 머릿속으로나마 지중해의 햇살 가득한 날씨를 상상하며 여행을 꿈꾸어 본다. 우리나라에 '제주도의 푸른 밤'이 있다면 이탈리아에는 '시칠리아의 그랑 블루'가 있다. 이탈리아 지도를 보면 축구를 잘하는 나라답게 생겼다. 굽 높은 부츠를 신고 삼각형 닮은 공을 차는 모습이다. 그 공에 해당하는 섬이 바로 '시칠리아'다.

한반도만큼이나 전쟁이 끊이지 않았던 이곳에는 참 많은 이야기가 숨겨져 있는데, 그중에서 시칠리아 하면 가장 먼저 떠오르는 것은 1982년 팔레르모 총독 암살 사건으로 전 세계에 악명을 떨친 '마피아'일 것이다. 과거 수많은 세력의 지배를 받아 왔고 현 마피아의 본거지인 시칠리아는 산업 기반이 약해 경제적으로도 낙후됐으나 2014년 기준 1인당 GDP 16,600유로로 31,000유로가 넘는 북부 이탈리아의 절반에 불과하다 그럼에도 불구하고 멋진 자연경관과 훌륭한 요리 때문에 휴양지로 유명하다. 유럽에서 가장 높은 활화산인 에트나 산이 있고, 특히 때 묻지 않은 시칠리아 타오르미나의 바다는 영화 〈그랑 블루〉(1988)에 등장할 정도로 아름답고 인상적이다. 시칠리아 섬은 이 영화뿐 아니라 〈대부〉(1972), 〈시네마 천국〉(1988)의 배경이 되었고, 그 덕분에 우리나라 사람들에게도 친숙한 지역으로 알려져 있다.

아름다운 휴양지 시칠리아 섬에는 의외의 장소가 있는데, 파리 국립 오페라극장과 빈 국립 오페라극장 다음으로 유럽에서 가장 큰 극장이면서 이탈리아에서 가장 큰 마시모 극장이 바로 그곳이다. 후기 르네상스 스타일에 목재를 많이 사용한 내부는 음향 시설이 매우 훌륭하며, 원래는 삼천 명을 수용하도록 세워졌으나 지금은 천삼백 석 조금 넘는 규모로 리모델링되었다. 그저 크기만 큰 것이 아니라 벨칸토 오페라의 거장 벨리니(1801-1835)와 이탈리아 오페라 양식을 확립한 A. 스카를라티(1660-1725) 등 많은 유명 작곡가도 배출했고, 정면의 계단은 영화 〈대부 3〉(1990)의 명장면으로 유명한 곳이다.

시칠리아를 배경으로 한 오페라에는 베르디의 〈시칠리아의 저녁기도〉(1855)가 있긴 하지만, 더 유명한 작품은 앞서 말한 영화 〈대부 3〉의 전편에 흐르는 〈카발레리아 루스티카나〉(1890)다. 이 작품은 오페라 사조의 마지막을 장식하는 '현실주의 오페라(Verismo opera)'의 최고봉이라고 할 수 있다. 영화에서는 오페라 장면이 이어지며 오페라 한 편 전체를 그대로 보는 듯한 착각을 일으킬 정도로 많은 시간을 할애했다. 영화의 하이라이트는 단연 마지막 장면이다. 주인공 코르레오네(알파치노 분)가 오페라극장 앞에서 자신을 노린 암살에 대신 희생된 딸을 보고 절규하는 장면, 젊은 시절 아내와 춤추던 결혼식 장면이 오버랩 되며, 그가 홀로 의자에 앉아 마지막 숨을 거두는 순간 흐르는 간주곡(Intermezzo)

은 보는 이의 마음에 큰 울림을 준다. 그리고 이 마지막 장면은 마치 이 오페라의 작곡가 마스카니의 모습을 묘사한 것이 아닌가 할 정도로 그의 인생을 닮아 있다.

피에트로 마스카니(1863-1945)는 스물일곱의 젊은 나이에 〈카발레리아 루스티카나〉로 크게 성공했으나, 차기작 오페라는 열다섯 편 모두 실패로 돌아갔고, 제2차 세계대전 종전 후에는 무솔리니 정권에 협력했다는 이유로 연합군에 의해 전 재산을 몰수당한 채 로마의 작은 호텔에서 외롭고 불우하게 생을 마쳤다. 영화 전 편에 흐르는 〈카발레리아 루스티카나〉의 음악을 들으면 곳곳에서 마스카니에 대한 연민과 애정의 감정이 묻어나는 것처럼 보이는 건 나만의 착각일까.

오페라 〈카발레리아 루스티카나〉는 '시골 기사'라는 뜻으로 시골 젊은 이들이 마치 귀족 기사처럼 결투하고 비극적인 결말을 맞는 것을 비아냥거리는 어조를 띠고 있다. 이런 비아냥은 원작 소설의 주요 기조인데, 조반니 베르가(1840-1922)의 원작 소설에서는 알피오로 대표되는 '돈 잘 버는 상인'과 투리두가 대표하는 '가난한 농부' 사이의 갈등을 당시 시칠리아의 산업화에 의한 농민의 빈민화에 빗대어 비판하고 있다. 그러나 원작의 이런 사회 비판 요소는 오페라에서 대폭 축소됐다. 이야기의 배경은 1880년경 시칠리아 섬 어느 마을의 부활절. 갓 제대한 투리두는 애인이었던 롤라가 같은 마을의 알피오와 결혼한 사실을 알고 괴로워하다가 자신을 위로하는 처녀 산투차와 사랑하는 사이가 된다. 그런데 남의 떡이 커 보인 건지 결혼한 롤라가 투리두를 다시 유혹하고, 투리두 역시 그녀를 잊지 못한 탓에 유혹을 뿌리치지 못한다. 롤라의 남편 알피오는 아무것도 모르고 열심히 일하지만, 산투차는 투리두와 롤라의 밀회를 알게 된다. 산투차는 투리두의 어머니

유럽에서 가장 높은 활화산인 에트나 산이 있고, 특히 때 묻지 않은 시칠리아 타오르미나의 바다는 영화 <그랑 블루>에 등장할 정도로 아름답고 인상적이다.

에게 자신의 처지를 하소연하는 유명한 아리아 '어머니도 아시다시피(Voi lo sapete, o mamma)'를 노래한다.

언제 의지했었냐는 듯 투리두가 그녀를 냉랭하게 대하자, 산투차는 두 사람의 불륜을 알피오에게 알린다. 투리두는 알피오와 결투를 벌이고 결국 알피오의 칼에 죽음을 맞이한다.

시칠리아 섬은 다른 어떤 지역보다도 잦은 전쟁과 지배 계급의 심한 수탈로 사람들은 가난하고 거친 삶을 살면서 가족주의가 강해졌다. 그래서 가족의 불명예는 반드시 피로 갚는 복수의 전통이 내려오고 있다. 〈카발레리아 루스티카나〉와 영화 〈대부〉는 모두 이러한 시칠리아 사람들의 삶을 묘사한 작품들이다. 어두운 역사가 마피아의 고장이라는 오명을 쓰게 했지만, 그 또한 살아남기 위한 어쩔 수 없는 선택이었음을 생각하니 시칠리아 섬의 아름다운 풍경이 더욱 애틋하게 느껴진다.

마마보이 벗어나기

미스코리아 대회가 한때는 TV로 생중계되던 시절이 있었다. 당시 이 대회는 전 국민이 집에서 각자가 일등으로 예상한 사람을 응원하며, 미에 대한 전문가 못지않은 평을 나누었던 큰 이벤트였다. 워낙 치열한 경쟁과 관심을 받으며 선발되는 위치라 그녀들의 인생은 이후 완전히 달라지곤 했다. 계속되는 방송 출연과 함께 화려해 보이는 연예계로의 진출이 가능한 고속도로 역할을 했던 것이 사실이다.

2002년 지상파에서 사라진 이 대회는, 지금은 없어지지 않았다는 소식만 간간이 들려올 정도로 사람들의 관심에서 멀어졌다. 생각해 보면 미인 대회가 왜 그리 많을까 하는 생각이 든다. 미스코리아를 필두로 아직도 지역 특산물 이름을 건 생소한 이름의 미인 대회들이 나열하기 어려울 정도로 많은 것이 현실이다. 미인 대회의 대명사 미스코리아 대회는 언제 시작되었을까? 우리나라에서는 1957년부터 한국일보 주최로 시작되었다고 한다.

1953년 7월 한국전쟁이 끝난 지 고작 사 년 후에 전국구 미인 대회가 열렸다니 놀라운 일이 아닐 수 없다. 파란색 원피스 수영복을 입은 여인들을 눈요깃거리로 상품화한다는 비판 아래 점차 스포트라이트에서 밀려났지만, 아직도 대한민국 국민이라면 미스코리아에 대한 환상과 추억을 약간씩은 가지고 있을 것이다.

한국 유명 대학의 '메이퀸(May Queen)'으로 선발된 여학생은 평생 메이퀸을 자신의 접두사나 접미사처럼 달고 다닌다. 이 메이퀸에 관한 이야기가 오페라에도 등장하는데, 1947년 영국 최고의 오페라 페스티벌 메카인 글라인드본 오페라하우스에서 초연되었던 벤저민 브리튼(1913-1976)의 오페라 〈앨버트 헤링(Albert Herring)〉이다.

케임브리지 동쪽 서퍽 지방 록스퍼드 마을에 전통으로 내려오던 메이퀸 선발대회가 열리고, 지역의 유지들은 후보자들의 사생활을 검증하기 시작한다. 그런데 어찌 된 일인지 선발 자격에 부합하는 처녀를 한 명도 찾을 수 없어 결국 모태솔로 앨버트 헤링을 메이킹(May King)으로 선발한다. 구멍가게를 운영하며 홀어머니를 모시고 성실히 살던 앨버트는 어머니 말이라면 무조건 복종했다. 메이킹이 되어 사람들 앞에서 만족스러운 연설을 마치고, 술도 마셔 기분 좋은 그는 마마보이라 뒤에서 수군대는 사람들의 이야기를 듣고 발끈해 가출을 감행한다. 다음 날, 사라진 앨버트를 걱정하는 사람들 사이로 밤새 술을 진탕 마셔 흐트러진 옷차림을 하고 그가 나타난다. 그의 변한 모습에 놀라워하는 사람들을 보며 앨버트는 홀로 해방감을 맛본다. 그리고 어머니의 말에 난생처음으로 반항하는 모습을 보이며 오페라는 막을 내린다.

〈앨버트 헤링〉의 한국 초연을 보며 난해한 화성과 잘 들리지 않는 가사에 고생하다 결국 휴식 시간에 공연장을 나왔던 기억이 있다. 그런데 똑같은 오페라를 이 년 후 영국에서 보았을 때는, 물론 영어 자막조차 없었는데도 끝까지 즐겁게 잘 보고 웃다가 나왔다. 그날 본, 오랜 세월 쌓여 온 오페라 해석의 노하우가 내겐 말로 표현할 수 없는 부러움의 대상이었다. 사실 이 오페라가 초연되었을 당시, 글라인드본 극장의 소유주 존 크리스티는 작곡가 벤저민 브리튼에게 "이 오페라는 우리가 좋아할 만한 오페라가 아니군요."라고 했단다. 하지만 삼십팔 년이 지난 후 〈앨버트 헤링〉은 글라인드본이 만든 최고의 프로덕션으로 선정되었다.

내가 수학했던 왕립음악원은 연극영화과와 오페라과가 함께 있어 무대 공연에 필요한 의상부터 장치까지 원스톱으로 제작할 수 있다. 이러한 시스템은 체계적으로 오랜 기간 매뉴얼을 쌓아 왔고, 후대 학생들은 선배들보다 시행착오를 덜 겪으며 더 새로운 시도도 할 수 있다. 오랜 기간의 끈질긴 노력과 투자가, 이상하게 느껴지던 그 오페라를 누구라도 좋아할 수 있는 콘텐츠로 만들어 온 것이다.

반면 우리나라의 67년 오페라 역사는 그 제작 노하우를 쌓아 두지 못한 것 같다. 오페라가 어떻게 올려지는지 정확히 알고 있는 사람이 몇 명이나 있을까? 아직도 대한민국의 오페라 무대는 실험 중이다. 그래서 외국 연출가와 지휘자, 성악가를 초청해 노하우를 배운다. 그런데 어찌된 일인지 많은 자금을 들인 노하우들조차 쌓이지 못하는 것 같다. 이제부터 귀한 노하우를 쌓을 수 있는 시스템을 구축하고, 배우고 싶어 하는 재능 있는 사람들을 위한 국가 차원의 오페라 연구센터가 생긴다면 십 년만 지나도 경제 성장의 기적처럼 지난 67년의 기간보다 더 크고 빠른 발전을 이룰 것이다. 사람의 나이로 환갑이 지나도록 마마보이처럼 "오페라는 이래야 한단다."라는 엄마 말을 따르는 인생을 끝내고, 동네 사람들을 가게로 초대해 먹을 것을 나누고 경험을 나누어야 할 때다. 한국에 오페라가 들어오기도 전, 이미 벤저민 브리튼이 외쳤던 이야기 '마마보이 벗어나기'에 귀를 기울여 보면서 말이다.

갑과 을, 영원한 적과의 동침

"인간은 정치적 동물이다."라는 아리스토텔레스의 말은, 로마의 정치가 세네카라는 사람에 의해 "인간은 사회적 동물이다."라고 재해석되었다. 인간을 단칼에 동물이라 칭하는 것이 불편하다 느끼던 중, 언젠가 본 <혹성탈출>(2014)이라는 영화가 갑자기 떠올랐다. 영화 속에서 유인원의 왕 이름은 시저였고, 그들에게는 가장 우선시되는 법이 있었다. '유인원은 유인원을 죽이지 않는다.'라는 것이다. 인간이 인간을 죽이는 모습을 보며, 유인원이 동료를 해하는 인간보다 우월하다는 것을 증명하기 위해 만든 법이었다. 하지만 유인원 중에도 권력을 탐하는 녀석이 있었고, 결국 쿠데타로 이어져 자신의 편에 서지 않는 유인원은 죽이거나 감금하는 모습이 그려진다.

물론 영화는 픽션이기에 과장된 장면도 있으나, 동물의 세계에는 인간의 것보다 더 강한 위계질서가 존재한다. 힘 있는 자만이 왕의 자리를 차지할 수 있다. 조금이라도 약해져 빈틈을 보이면 결국 강력한 도전자가 생기기 마련이다. 하지만 거꾸로 보면 동물 세계에서 리더의 위치는 결국 전체 집단의 이익을 위해 존재한다. 리더가 가져다주는 큰 이익 때문에 나머지 구성원은 리더의 강력한 권리를 용인하는 것이다. 인간 사회와 다를 바가 없는 것 같다.

이러한 인간 사회를 묘사한 베르디의 오페라 〈리골레토〉는 프랑스의 대문호 빅토르 위고(1802-1885)의 소설 〈환락의 왕〉(1832)을 기초로 한 작품이다. 그 시대 왕권에 대한 도전을 용납하지 않던 오스트리아의 식민지 이탈리아라는 상황에서, 이미 없어진 만토바 가문을 등장시키고 검열의 날을 간신히 피해 오페라가 만들어졌다. 눈살을 찌푸리게 할 정도의 소위 '갑질'을 일삼았던 만토바 공작과 그의 광대 리골레토 사이의 어두운 공생관계를 그린 이 오페라는 마침내 1851년 베네치아의 라 페니체 극장에서 막을 올렸다. 두 주인공의 줄타기 같던 공생 관계는 한쪽의 일방적인 희생이 요구되자 깨지고 말았다. 리골레토의 딸을 흠모하던 공작을 대신해 말 안 해도 알아서 기던 신하들은 그녀를 납치해 공작에게 바치고, 격분한 딸의 아버지 리골레토는 공작을 죽이기로 결심한다. 그러나 바람둥이 공작은 딸의 첫사랑이었기에, 아버지의 암살 계획을 알아차린 딸은 공작을 대신해 죽음의 길을 선택한다. 오페라의 마지막, 어두운 강가에 남은 것은 저주받은 아버지의 통곡뿐이다.

세상의 이치를 너무나도 잘 알던 위고는 아마도 갑과 을의 전쟁에서 을이 승리하기 힘들다는 것을 간접적으로 말하고 있는 것 같다. 프랑스 혁명을 통해 국민의 힘으로 왕좌가 무너지는 모습과, 두려움에 휩싸인 국민이 자신들의 손으로 다시 왕과 황제를 세우는 아이러니한 모습을 동시에 지켜보면서, 그는 어떤 생각을 했을까? 소외당하는 가난한 이들을 구제할 수 없는 자신의 무기력함과 그들에 대한 연민이 끝까지 남았던 것일까. 위고는 자신의 유산 중 사만 프랑을 가난한 자들의 관을 만드는 데 써 달라고 남겼다. 빅토르 위고 자신이 유명 소설가로서도 정치인으로서도 만족할 만한 답을 얻지 못했던 소외된 이들에 대한 안타까움은 지금도 〈레 미제라블〉(1862)이라는 작품 속에서 간접적으로나마 엿볼 수 있다.

그렇다면 우리의 모습은 어떠한가. 2014년 12월, 온갖 미디어와 포털사이트를 도배하며 현 상황을 단적으로 보여 준 대한항공 회항 사건이 있었다. 이 사건은 존 F. 케네디 국제공항을 출발하여 인천 국제공항으로 향하던 대한항공 여객기 내에서 당시 대한항공 부사장이 객실 승무원의 서비스를 문제 삼아 항공기를 회항시킨 뒤 사무장에게 강제로 내릴 것을 요구하여 항공편이 지연된 사건이다. 문제 삼은 서비스가 견과류 때문이라는 보도가 나오면서 '땅콩 리턴'이라는 비아냥조의 별명이 붙었다. 사상 초유의 갑질에 분노한 사람들의 원성이 높아지고 당사자는 검찰에 소환되어 피의자 신분으로 조사를 받았으며, 결국 항소심에서는 집행유예를 선고받았다. 그리고 이 사건의 여파로 문제 항공사에 대한 불매 운동 움직임이 일기도 했다.

물론 '땅콩 리턴'이 모든 고용주의 모습을 대표하는 것은 아니다. 좋은 분들도 세상에 얼마든지 존재한다. 갑을 관계가 비단 고용인과 피고용인 사이에서만 일어나는 것도 아니다. 같은 해 10월, 〈미생〉이라는 드라마가 이슈가 되었다. 사회의 축소판 같은 회사 내, 피고용자들 사이에서도 벌어지는 각종 갑을 관계 그리고 어김없이 뒤따르는 부당한 대우. 나였다면 열 번은 사표를 던졌을 상황을 묵묵히 견디는 모습을 보며 박수를 쳐 주고 싶은 순간이 한두 번이 아니었다. 간접적으로 잠깐 경험한 나조차도 그러할진대, 실제 직장인들은 얼마나 공감했을까? 역사를 되돌아볼 때 이렇게 갑과 을의 관계는 반복되었다. 하지만 인간은 이 대립이 생존에 있어서 도움이 되지 않는 것을 확인했다. 그래서 포기하지 않고 평화를 위한 제도적 수단들을 연구하고 시도하고 또 고쳐 가고 있다. 그렇게 인류는 그 험한 상황 속에서 계속 발전해 왔다. 그리고 화합하는 세상을 위해 많은 사람들이 더욱더 노력할 것이다.

'알파고'보다 못 먹어도 고

아마 이 글도 시간이 지나면 로테크(Low-tech), 그러니까 구닥다리 옛날이야기가 될지도 모르지만 세계 모든 사람을 놀라게 한 큰 이벤트였고, 기술적 숙제라는 측면보다는 그동안 단순한 삶의 반복 속에서 기계적 마인드로 살아가던 많은 사람에게 정신적, 철학적 숙제를 던져 준 역사적 사건이라 생각해 책 속에 담고자 한다.

2016년 3월, 인공지능 알파고와 한국의 이세돌 9단 간의 세계적 대국은 결국 알파고의 승리로 끝났다. 결과적으로 바둑에 대한 국민적 관심이 일어난 것은 물론이고, 아직은 낯선 인공지능이 일반 대중들에게 강렬한 인상을 심어 엄청난 홍보 효과를 얻은 이벤트였다. 신드롬이라고까지 느껴지는 이 대국은 인공지능이라는 존재에 대한 경이로움과 두려움을 세계가 동시에 경험한 흥미로운 사건이었다. 과연 인공지능이 우리의 삶을 어디까지 바꿀 것인가에 대한 많은 전문가의 의견이 난무하는 가운데, 암울한 미래를 예상하며 우울감에 시달리는 사람들도 많아 보였다.

대국을 주관한 G사는 상용화의 문턱까지 개발을 마친 자율주행 자동차 분야도 선두를 달리고 있다. 알파고가 단 일승도 허락하지 않았다면 자동차 산업도 더욱 탄력을 받았겠지만, 비록 당장 완벽한 모습을 보여 주지 못했어도 주행 중에 운전대를 잠시 자동차에게 맡길 수 있는 날은 멀지 않은 미래에 현실이 될 것으로 보인다. 더불어 인간이 새로운 기술과 관련된 법적 윤리적 문제를 고민해야 할 시기도 다가왔다. 지금의 기술 발전 속도라면 택시 기사가 인공지능으로 대체될 가능성 89퍼센트, 텔레마케터 99퍼센트, 스포츠 심판 99퍼센트, 금융 전문가들조차도 사라질 가능성을 28퍼센트로 예상하고 있다. 여기에 더욱 암울한 것은 이런 일이 이십 년 안에 일어날 것이라는 것이다.

오래전 보았던 공상과학 TV 시리즈 〈스타 트렉〉에서 흥미로운 내용을 다룬 적이 있다. 보이저 비행선 승무원 중 취미로 노래를 즐기고 또 잘하는 의사가 있었는데, 그는 올드팝부터 이탈리아 가곡, 오페라 아리아 베르디 작곡 오페라 〈리골레토〉의 '여자의 마음'까지 부르는 아마추어 성악가였다. 그는 감정을 노래에 담아, 듣는 이로 하여금 눈물을 흘릴 정도로 감동적인 노래를 불렀다. 그러던 어느 날 지구 기술보다 많이 앞선 문명의 외계 사람들과 접촉하게 되고, 비행선에 승선한 그들은 의사가 부르는 노래에 감동해 자신들의 별에 남아 노래를 불러 달라고 요청한다. 의사는 선장의 반대에도 불구하고 자신을 슈퍼스타로 대우하는 그 별에 남는다.

이후 과학기술이 발달한 그 별의 사람들은 인공지능 컴퓨터를 통해 의사와 똑같은 모습으로 복제 홀로그램을 만들어 그와 같이 베르디의 오페라 〈돈 카를로스(Don Carlos)〉에 나오는 남성 듀엣 'Dio, che nell'alma infondere'

을 부르는 음반까지 발매한다. 그러더니 어느 날부터 음악을 스스로 배울 수 있도록 업그레이드된 인공지능 프로그램이 인간이 다다를 수 없는 광대역의 음역을 가지고 현란한 기교를 구사하며 노래하기 시작했다. 의사는 기술이 최고의 가치인 그 별에서 필요 없는 존재가 되었고, 은퇴 공연을 맞아 잃어버린 사랑에 관해 이야기하는 이탈리아 가곡 '제비는 돌아오건만(Rondine al nido)'을 감동적으로 부른다. 홀로그램의 완벽한 고난도 기교에 열광하는 별나라 사람들 사이로 유일하게 감동의 눈물을 흘리는 것은 선장뿐이다. 보이저 비행선으로 초라하게 돌아온 의사는 예상과 달리 그의 노래를 순수하게 좋아했던 동료들의 열렬한 환영을 받는다. 노래하는 의사가 있어야 할 곳은 그의 기술을 사랑한 별나라 사람들이 아니라 그의 영혼을 사랑하는 사람들이 모여 있는 비행선이었던 것이다.

기술의 발달은 막을 수가 없다. 4차 산업혁명은 싫든 좋든 진행 중이고, 인공지능은 점차 우리 생활 속으로 더 많이 더 깊이 들어올 것이다. 우리가 듣고 있는 음악 분야를 보아도 〈스타 트렉〉의 이야기가 허황된 미래 이야기가 아닌 것처럼 보인다. 요즘 일부 대중음악은 멜로디와 리듬 정도만 지정해 입력하면 컴퓨터가 알아서 제대로 된 음악으로 완성해 주고, 사람들의 귀는 자연을 닮은 소리보다 기계음에 더 많이 노출되어 있기 때문이다. 창의성 문제는 둘째 치고 이미 인공지능이 만든 음악과 그림들은 인간의 것과 크게 구별되지 않는다고 한다. 우리도 의사를 내쫓은 기술 문명의 별 시민들처럼 감동보다는 고난도 기교에만 박수를 보내는 존재들이 되어 가는 건 아닌지 생각해 본다. 기술이 나쁜 것은 아니다. 기술 역시 인간이 만들어 낸 것이니까. 그러나 눈에 보이고 손에 잡히진 않지만 인간만이 가진 소중한 것들을 더는 소홀히 해서는 안 될 시간이 왔다. 그래서 언제나 이기는 점만을 완벽히 찾아내는 알파고보다 시작부터 불리한 검은 돌을 가지고 "못 먹어도 고!"를 외치는 이세돌 9단의 인간적인 모습이 더 감동적이고 가슴을 뜨겁게 한다.

찾아보기

ㄱ

가르니에 오페라하우스 137
〈가면무도회〉 181
〈가정교사〉 73
갈릴레오 갈릴레이(Galileo Galilei) 37
'강남스타일' 110
고전주의 57, 120
'공주는 잠 못 이루고(Nessun Dorma)' 156
〈관동별곡〉 151
괴테(Johann Wolfgang von Goethe) 72, 73, 76-80, 97, 139, 148, 194
구노(Charles Gounod) 49, 78
구라바엔(Glover Garden) 160
구스타브 3세(Gustav III) 181-184
〈구스타브 3세〉 181
구스타브 4세(Gustav IV) 182
구스타비안스카 오페라후세트(Gustavianska Operahuset) 182
〈국화 부인〉 159, 162
〈군도〉 73
〈귀여운 여인〉 25, 62
〈그랑 블루〉 203, 206
그랜드 부다페스트 호텔 96, 100
글라인드본 오페라하우스 210

〈글루미 선데이(Gloomy Sunday)〉 96
글루크(Christoph Gluck) 49, 178
글린카(Mikhail Glinka) 102
《꿈의 해석(Die Traumdeutung)》 88

ㄴ

나가사키 157-160, 162
〈나니아 연대기〉 64
〈나비 부인〉 113, 157-160, 162
〈나비의 미망인〉 173
나폴레옹(Napoléon) 53, 56, 58, 168
나폴레옹 3세(Napoléon III) 42
나폴리 120-122, 124, 125, 195
〈난봉꾼의 행각(The Rake's Progress)〉 42, 139, 141, 142
넬슨(Horatio Nelson) 168, 169
노량 해전 168
노스트라다무스(Nostradamus) 37
뉴욕 105, 106, 121, 164, 201
뉴욕 필 172
〈니벨룽의 반지〉 65, 67
니진스키(Vatslav Nizhinskii) 137, 140
니콜라이 2세(Nikolai II) 132

ㄷ

다니엘 오베르(Daniel Auber) 181
〈다빈치 코드〉 178

다 폰테(Lorenzo da Ponte) 84, 117, 118
〈다프네〉 38
〈대부〉 204, 208
〈대부 3〉 204
댜길레프(Sergei Pavlovich Dyagilev) 132, 135, 137, 141
데이비드 닉슨(David Nixon) 162
데이비드 벨라스코(David Belasco) 159
도니체티(Gaetano Donizetti) 16, 194, 195
〈돈 샹슈(Don Sanche)〉 98
〈돈 조반니〉 84, 99, 117, 118, 120
돈 주앙(Don Juan) 117
〈돈 카를로스(Don Carlos)〉 218
〈돈키호테〉 146
'돌아오라 소렌토로(Torna a Surriento)' 121
〈동백꽃 아가씨〉 62
동백림 사건 173
《동의보감》 151
뒤마(Alexandre Dumas) 62
뒤마 피스(Alexandre Dumas fils) 62, 63
드니스 뒤발(Denise Duval) 143
드레스덴 42
드미트리 왕자 133
드보르자크(Antonín Dvořák) 178
디트로이트 172, 174

ㄹ

라 스칼라 194, 195
라 페니체 극장 42, 214
라르고(Largo) 153
라벨(Maurice Ravel) 142
〈라 보엠(La Boheme)〉 25, 61, 105-108, 110, 111, 158, 159
《라이프》 172, 174
〈라 트라비아타〉 25, 61-63, 72
라트비아 69
〈람메르무어의 루치아〉 194
러일전쟁 131, 132
런던 69, 146, 151, 162, 192, 195
레닌그라드 101
〈레 미제라블〉 215
레오 10세(Leo X) 31
레오 11세(Leo XI) 31
레온카발로(Ruggero Leoncavallo) 17, 106, 107, 110
레프론톨로 117
렌츠(Jakob Michael Reinhold Lenz) 73
〈렌트(Rent)〉 105
로마 169, 177, 205, 213
〈로미오와 줄리엣〉 148
로버트 그린(Robert Greene) 146
〈로보캅〉 15
로빈 윌리엄스(Robin Williams) 127
로시니(Gioacchino Rossini) 49, 178
〈로엔그린〉 178

로열 오페라하우스 181, 185
루드비히 루카스(Ludwig Lucas) 42
〈루슬란과 류드밀라〉 102
루이 15세(Louis XV) 52
루이 16세(Louis XVI) 53, 55, 59
루치아노 파바로티(Luciano Pavarotti) 21
륄리(Jean Baptiste Lully) 178
르네상스 31, 34, 37, 150, 204
리가 69
〈리골레토〉 61, 99, 214, 218
〈리날도〉 45, 153, 178, 179
리스트(Franz Liszt) 70, 97-100
〈리엔치(Rienzi)〉 69
리하르트 슈트라우스(Richard Strauss) 89
림스키코르사코프(Nikolay Andreyevich Rimsky Korsakov) 102, 135, 137

ㅁ

〈마농 레스코〉 72, 107, 111, 158
마리 뒤플레시(Marie Duplessis) 62
마리 앙투아네트(Josèphe Jeanne Marie Antoinette) 53, 55, 59
〈마리 앙투아네트〉 54
〈마리아 스투아르다〉 194, 196
마리아 칼라스(Maria Callas) 143, 164
마리아 테레지아(Maria Theresia) 50-52
마린스키 극장 101, 133
〈마법사의 제자〉 78

〈마술피리〉 87, 90, 120
마스네(Jules Massenet) 74
마스카니(Pietro Mascagni) 107, 205
마시모 극장 204
마이클 잭슨(Michael Jackson) 110
마키아벨리(Niccolò Machiavelli) 37
만토바 가문 214
말리브랑(Maria Malibran) 195
〈맥베스〉 193, 194, 196
맨해튼 105
메디치 15, 31-34, 37-40, 66
메리 셸리(Mary Shelley) 74
메리 스튜어트(Mary Stuart) 194, 195
메릴린 먼로(Marilyn Monroe) 17, 18
〈메시아〉 153
〈명량〉 167-169
명량 해전 167, 168
모가도르 129
모건 프리먼(Morgan Freeman) 188
모스크바 국립음악원 103
모차르트(Wolfgang Amadeus Mozart) 23, 49, 52, 53, 83, 84, 86, 87, 90, 92, 117, 120, 121, 123, 139, 187
〈모차르트와 살리에리〉 102
몬테베르디(Claudio Monteverdi) 38, 39, 66, 178
〈몬테크리스토 백작〉 62
무소륵스키(Modest Petrovich Mussorgsky) 102, 132, 133

무솔리니(Benito Mussolini) 205
'무제타의 왈츠' 106
〈문스트럭〉 25, 106
〈물랭 루즈〉 105
〈미생〉 215
〈미션 임파서블: 로그네이션〉 92
〈미션 임파서블 5〉 180
미켈란젤로(Michelangelo Buonarroti) 32, 37
밀라노 158, 194
밀란 쿤데라(Milan Kundera) 83

ㅂ

바그너(Richard Wagner) 42, 57, 64, 65, 67-71, 178
바로크 41, 50, 120, 141, 142
바빌론 154, 177
바이로이트 67
바이에른 67
바즈 루어만(Baz Luhrmann) 105
바티칸 37, 47
바흐(Johann Sebastian Bach) 139, 142
〈박쥐(Die Fledermaus)〉 90
반 데르 데켄(Hendrik Van der Decken) 68
〈반지의 제왕〉 64
〈반 헬싱(Van Helsing)〉 184
발레 뤼스 135, 140-142

〈방황하는 네덜란드인〉 68
〈배트맨〉 27
〈백조의 호수〉 136
번스타인(Leonard Bernstein) 171, 172, 174, 175
베네치아 42, 47, 78, 84, 117, 155, 214
베네토 117
〈베니스의 상인〉 148
베라(Vera de Bosset) 138
베르디(Giuseppe Verdi) 19, 49, 72, 181, 194, 204, 214, 218
〈베르테르〉 74
베를린 171-173
베스푸치(Amerigo Vespucci) 37
베토벤(Ludwig van Beethoven) 56-59, 77, 80, 83, 120
벤저민 브리튼(Benjamin Britten) 210-212
벨라스코(David Belasco) 159, 162
벨리니(Vincenzo Bellini) 204
〈별에서 온 그대〉 149, 151
보리스 고두노프(Boris Godunov) 132-134
〈보리스 고두노프〉 102, 132-134
보마르셰(Pierre Augustin Caron de Beaumarchais) 22, 23, 53, 54
보스턴 181
보티첼리(Sandro Botticelli) 40, 43
〈봄의 제전(The Rite of Spring)〉 137, 138, 140, 141

볼셰비키 혁명 138
부다페스트 52, 96, 97, 99, 100
부르봉 가문 50
〈불멸의 연인〉 57
〈불새〉 137
브람스(Johannes Brahms) 57, 78, 178
〈브레이브 하트〉 193
브로드웨이 87, 105, 106
브뤼셀 113, 114
비너스 40-44
〈비너스와 아도니스〉 41
'비너스의 탄생' 40, 43
비스마르크(Otto Eduard Leopold von Bismarck) 77, 80
비제(Georges Bizet) 72, 129, 130, 202
빅토리아 200
빈 52, 56-58, 83, 84, 86, 87, 92-94, 97, 118
빈 국립 오페라극장 88, 92, 118, 180, 204
빈 오페레타 92
빈 필하모닉 92
〈빌헬름 마이스터의 수업시대〉 79
〈빌헬름 마이스터의 편력시대〉 78

ㅅ

〈사람 목소리(La voix humaine)〉 143
'사랑스러운 나무 그늘이여(Ombra mai fu)' 21, 153

〈사랑의 묘약〉 16, 18
사마르칸트 156
〈사미인곡〉 151
사베리오 메르카단테(Saverio Mercadante) 181
사실주의 오페라 107
산 카를로 오페라극장 121, 124
'산타루치아(Santa Lucia)' 121
살라미스 해전 154, 168, 169
살리에리(Antonio Salieri) 52, 84, 86, 102
〈300〉 154, 169
〈삼총사〉 62
상트페테르부르크 101, 102, 104, 136
상트페테르부르크 왕립극장 133
샌프란시스코 164
샤넬(Gabrielle Chanel) 136, 138
샤틀레 극장 137
샬랴핀(Fyodor Ivanovich Chaliapin) 132, 133
샹젤리제 극장 137, 140
'서머 타임' 199, 201
세네카(Lucius Annaeus Seneca) 213
세르반테스(Miguel de Cervantes Saavedra) 145-148
세이셸 199-201
세인트 조지의 날(St. George's Day) 145
'섹시 레이디' 110
《센추리 일러스트레이티드》 159
셀레스트 베나르(Celeste Venard) 129

225

셀주크 제국 177
셰니에(André Chénier) 164, 165
〈셰에라자드〉 135
셰익스피어(William Shakespeare) 41, 127, 145-151, 193
〈셰익스피어〉 73
손조뇨 106, 107
〈쇼생크 탈출〉 186, 188, 190
쇼팽(Frédéric François Chopin) 77, 80
〈수녀원의 이야기(Dialogue des Carmelites)〉 142
슈만(Robert Alexander Schumann) 78
슈베르트(Franz Peter Schubert) 78
J. 슈트라우스(Johann Strauss) 49
스메타나(Bedrich Smetana) 83
A. 스카를라티(Alessandro Scarlatti) 204
스칼라 극장 158
스코트족 193
〈스타 트렉〉 218, 219
스탕달 신드롬 98
스탠턴 웰치(Stanton Welch) 162
스톡홀름 181, 182, 185
스트라빈스키(Igor Stravinsky) 42, 88, 136-142, 144, 173
스티브 잡스(Steve Jobs) 36
스티비 원더(Stevie Wonder) 110
〈스페이드 여왕〉 102
〈시네마 천국〉 204
시칠리아 78, 203-206, 208
〈시칠리아의 저녁기도〉 204
신고전주의 139, 141, 142, 183
실라 154, 155
실러(Johann Christoph Friedrich von Schiller) 73, 155, 194
십자군 전쟁 46, 177-179
싸이 110

ㅇ
아도니스 41, 42
아리스토텔레스(Aristoteles) 213
〈아마데우스〉 52, 86, 87
아인슈타인(Albert Einstein) 88
〈안드레아 셰니에〉 165
〈암사슴(Les Biches)〉 142
알렉산드로 모레스키(Alessandro moreschi) 47
알마비바 21-23
알카에다 176, 177, 179
알파고 217, 218, 220
암스테르담 68
앙카르스트룀(Jacob Johan Anckarström) 181
〈앨버트 헤링(Albert Herring)〉 210, 211
야나체크(Leoš Janáček) 83
어비 뒤가르뎅 143
에드워드 1세(Edward I) 193
〈에로이카〉 57

에릭 사티(Erik Satie) 142
《엠파이어(Empire)》 188
엘렉트라 88
〈엘렉트라〉 89
엘렉트라 콤플렉스 88
〈엘리자베스〉 169
엘리자베스 1세 147, 148, 150, 151, 194, 195
엘리자베타(Elizabeta Petrovna) 52
엘비라(Elvira) 112
〈여자는 다 그래〉 123
'여자의 마음' 218
영국 왕립음악원 16
'영웅' 56
예루살렘 177, 178
〈예브게니 오네긴(Eugene Onegin)〉 90, 102, 104
'오 나의 태양(O Sole mio)' 121
〈오디세이아〉 89
오라토리오 153
〈오르페오〉 38
오스카 극장 183
오이디푸스 88, 89
〈오이디푸스 왕〉 88
오이디푸스 콤플렉스 88
요제프 2세(Joseph II) 52, 86
요한 슈트라우스 2세(Johann Strauss II) 90-93
욘사마 신드롬 149

우피치 박물관 40, 43, 44
'울게 하소서' 45, 153, 178
움베르토 조르다노(Umberto Giordano) 164, 165
〈웨스트사이드 스토리〉 172
월트 디즈니 78
위고(Victor Hugo) 214, 215
윌리엄 월리스(William Wallace) 193
〈유리디체(Euridice)〉 38, 66
윤이상 171-173
〈율리시스의 귀환〉 38
융(Carl Gustav Jung) 88
이세돌 217
이순신 151, 167-169
〈이순신〉 167, 169
이슬람 176, 178, 179
'이탈리아 기상곡' 104
〈이탈리아 기행〉 78
인디펜던스 홀 163
〈인생은 아름다워〉 189
〈일곱 개의 악기를 위한 음악〉 172
〈일리아스〉 89
〈Il Reggente〉 181

ㅈ

〈잔니 스키키〉 26, 32, 33
잘츠부르크 56, 86
〈잠자는 숲 속의 미녀〉 104

장 콕토(Jean Cocteau) 6, 88, 142, 143
〈전망 좋은 방〉 26
〈젊은 베르테르의 기쁨〉 73
〈젊은 베르테르의 슬픔〉 72, 73, 77
제1차 세계대전 138
제2차 세계대전 64, 83, 85, 96, 157, 200, 205
제라르 코르비오(Gerard Corbiau) 45
'제비는 돌아오건만(Rondine al nido)' 219
제임스 1세(James I) 194
제임스 6세(James VI) 194
조반니 베르가(Giovanni Verga) 205
조지 2세(George II) 51
조지 거슈윈(George Gershwin) 201
조지프 브로드스키(Joseph Brodsky) 101
존 1세(John I) 193
존 루서 롱(John Luther Long) 159
존 블로(John Blow) 41
존 크리스티(John Christie) 211
〈죽은 시인의 사회〉 127

ㅊ
차르 표트르 대제 77, 80
차이콥스키(Pyotr Ilich Tchaikovsky) 90, 101-104
찰리 채플린(Charles Chaplin) 17
찰스 2세(Charles II) 41

〈참을 수 없는 존재의 가벼움〉 83
《천일야화》 135, 155
'1812년 서곡' 104
리코르디 143
치마로사(Domenico Cimarosa) 121, 124

ㅋ
카라얀(Herbert von Karajan) 173
카루소(Enrico Caruso) 121
〈카르멘〉 61, 72, 129, 130, 202
카를 4세(Karl IV) 77, 80
카를 6세(Karl VI) 50, 51
카를로 고치(Carlo Gozzi) 155
카를로비 바리 76, 77, 80, 97
카를로스 사우라(Carlos Saura) 118
카를 마르크스(Karl Marx) 77, 80
카를 벤츠(Karl Friedrich Benz) 111
카를 뵘(karl böhm) 187
〈카발레리아 루스티카나〉 107, 204, 205, 208
카사노바(Giacomo Girolamo Casanova) 117, 118
카스트라토 45-49
카운터테너 49
카치니(Giulio Caccini) 39
카탈루냐 145
〈카핑 베토벤〉 57
칸타타 142

칼레 해전 168, 169
〈캐리비안의 해적; 세상의 끝에서〉 26, 68
〈캔디드〉 172
〈코시 판 투테〉 84, 120, 121, 126
〈코코와 이고르(Coco & Igor)〉 138
〈쿠쉬나메〉 154
큐피드 41
크세르크세스 154
〈크세르크세스(Xerxes)〉 20, 153
클레망 바이야르 111, 114
클레멘스 7세(Clemens VII) 31

ㅌ

타오르미나 203, 206
〈탄크레디〉 178
〈탄크레디와 클로린다의 전투〉 178
〈탄호이저〉 42, 99
〈템페스트〉 148
〈토스카〉 111, 158, 162
토스카니니(Arturo Toscanini) 107, 113
톨킨(J. R. R. Tolkien) 64, 67
톰 행크스(Tom Hanks) 163, 165
〈투란도트〉 113, 155
〈투란도트, 중국의 공주〉 155
투란도흐트 155
트라팔가르 해전 168
트렌티노 117
티무르 제국 155, 156

ㅍ

파리 42, 69, 74, 101, 129, 132, 135, 137, 140
파리 국립 오페라극장 204
파리 조약 163
파리넬리 45-48
〈파리넬리〉 45, 179
〈파르지팔〉 178
〈파우스트〉 78, 139, 148
〈판타지아〉 78
팔레르모 총독 암살 사건 203
〈팔리아치(Pagliacci)〉 17, 18, 107
팰리스 브리스톨 호텔 97
페르골레시(Giovanni Battista Pergolesi) 142
페리(Jacopo Peri) 38, 39
〈페트루슈카〉 137
'편지 이중창' 25, 84, 187
〈포기와 베스〉 201, 202
포스터(E. M. Forster) 26
〈포폐아의 대관〉 38
폰 메크 부인 103, 104
폴 뒤카(Paul Dukas) 78
폴 푸아레(Paul Poiret) 135
〈풀치넬라〉 141, 142
표도르 1세(Fyodor I) 132-134
'푸니쿨리 푸니쿨라(Funiculi funicula)' 121
푸시킨(Aleksandr Pushkin) 102, 133

푸치니(Giacomo Puccini) 19, 26, 32, 72, 107, 110-115, 155-160, 162
푸틴(Vladimir Putin) 101
풀랑크(Francis Poulenc) 142, 143
〈프라랑〉 156
프라이하우스 극장 87
프라하 82, 83, 85
〈프라하의 봄〉 83
프라하의 봄 국제음악축제 83
프란스 요한슨(Frans Johansson) 38
프랑스 혁명 165, 166, 214
프랑크푸르트 76
〈프랑켄슈타인〉 74
프랜시스 드레이크(Francis Drake) 147
프레더릭 애슈턴(Frederick Ashton) 162
프로이트(Sigmund Freud) 86-89
프리드리히 니콜라이(Christoph Friedrich Nicolai) 73
〈피가로의 결혼〉 22, 23, 52-54, 83, 84, 118, 120, 187
〈피델리오〉 57, 58
피렌체 15, 26, 28, 31-34, 37, 40, 43, 44, 66
피에르 로티(Pierre Loti) 159
피의 일요일 132
피치니(Nicola Piccini) 121
피카소(Pablo Picasso) 42, 173
피터 1세 101
피터 잭슨(Peter Jackson) 64, 65

필라델피아 163, 164, 166
〈필라델피아〉 163, 165, 166, 189
필라델피아 인디펜던스 홀 163
필리포 2세 147

ㅎ

'하바네라' 129
하이네(Heinrich Heine) 68, 69, 70
하이든(Franz Joseph Haydn) 120, 178
한산 대첩 167
〈한여름 밤의 꿈〉 127
'할렐루야' 153
합스부르크 50, 52, 84, 86, 87, 99
'합창' 59, 83
〈햄릿〉 148
헤르더(Johann Gottfried von Herder) 73
헨델(Georg Friedrich Händel) 20, 47, 49, 51, 142, 153, 178, 179
헨리 8세(Henry VIII) 147
〈헨젤과 그레텔〉 90
현실주의 오페라(Verismo opera) 204
'현을 위한 세레나데' 104
호메로스 89
〈호빗〉 64
〈혹성탈출〉 213
〈환락의 왕〉 214
후고 볼프(Hugo Wolf) 78
훔퍼딩크(Engelbert Humperdinck) 90

지은이 신금호는 오페라와 클래식을 통한 융합 콘텐츠 제작으로 정평이 나 있는 성악가 겸 오페라 연출가다. 서울대학교를 졸업하며 각종 국내외 콩쿠르에 입상하고, 영국 왕립음악원(RSAMD)과 왕립음악대학(RNCM)으로부터 학비 및 생활비를 지원받는 전액장학생으로 발탁되어 수학했으며, 졸업과 동시에 벨기에 오페라 무대에 타이틀 역할(피가로 역)을 맡아 프로 무대에 데뷔 후, 유럽 미국 일본 등지에서 성악가로 왕성히 활동하던 중 한국에서 LG아트센터 무대에 올린 오페라 〈사랑의 묘약〉을 시작으로 성악가 겸 연출가로 정식 데뷔했다. 파격적이면서 참신한 스타일의 오페라를 여러 대극장에 선보이며 차세대 한국의 클래식계와 관객을 이어 줄 멀티플레이어 아티스트로 성장하고 있다. 현재는 서울시 지정 전문예술단체인 M컬쳐스의 대표직을 맡아 회원제로 운영되는 살롱콘서트를 정기적으로 올리고 있으며, 여러 지자체 초청 연주와 국가단체, 대기업, 교육기관 등과 협력하여 독보적인 콘텐츠를 제공하고 있다. 그 공로를 인정받아 서울문화투데이 선정 '젊은 예술가상'을 수상했으며, 재외동포재단 '차세대 대회'의 한국 대표단, 경기도교육연수원 발전 전문위원으로 활동했다. 그리고 여러 매체를 통해 칼럼을 쓰고 있으며, EBS 〈세계테마기행〉, KBS 〈명작 스캔들〉, KBS 〈TV 책을 보다〉 등 방송 프로그램 출연 활동과 최근 트렌드를 읽는 인문학 강연들을 통해서도 관객들과의 친숙한 만남을 꾸준히 이어 가고 있다.

감수자 박진경은 이화여자대학교 및 동 대학원을 졸업하였으며, 2016년 경기도교육연수원 원격연수 '오페라로 풀어보는 인문학 퍼즐'의 콘텐츠 감수 및 구성을 맡았다. 현재 M컬쳐스 기획실장으로 있다.

오페라로 사치하라
베이스바리톤 신금호의 인문학 토크

초판2쇄 발행 2016년 9월 9일
발행인 김희정 | 발행처 도서출판 레인보우
주소 경기도 파주시 회동길 145 | 전화 031-939-3120 | 팩스 031-955-0054
등록번호 제406-2014-000085호 | 등록일자 2014년 9월 15일
rainbow_hjk@naver.com

감수 박진경 | 편집 김미미 | 디자인 최훈

값은 뒤표지에 있습니다.

ISBN 979-11-958218-0-8   03680

ⓒ 2016 by Gumho Shin
Published by rainbow Publishers.
Printed in Korea.